le cahier corps de rêve
des paresseuses

Sioux Berger
Soledad Bravi

le cahier corps de rêve des paresseuses

MARABOUT

AVERTISSEMENT : Les conseils proposés dans ce livre ne remplacent en aucun cas ceux d'un professionnel du sport ou ceux de votre médecin traitant. Avant de vous lancer dans le programme, demandez conseil à un spécialiste. Pour chaque posture, échauffez-vous suffisamment et progressez selon votre rythme, votre âge et votre état de santé.

Sommaire

TEST

Jusqu'où êtes-vous prête à aller pour avoir un corps de rêve ?

Cochez les affirmations qui vous correspondent :

☐ Pas le temps de faire du sport.

☐ Pas envie de transpirer.

☐ J'aime les éclairs au chocolat.

☐ J'adooore passer mon week-end sous la couette.

☐ Je n'adooore pas consacrer mon dimanche matin à courir en short.

☐ Quand je croise une fille qui fait son footing à 19 heures sous la pluie en plein mois de novembre, je suis admirative et je me dis que je ne lui ressemble pas.

Si vous avez coché plus de 4 affirmations, ce cahier est fait pour vous, car...

- On ne vous propose aucun régime.
- Vous pouvez réaliser vos exercices 10 minutes tous les jours, c'est suffisant.

C'est possible ? Oui ! Car pour avoir un corps de rêve, Jean de La Fontaine l'écrivait déjà : « Rien ne sert de courir ! » Et, s'il avait rencontré Véronique et Davina à la cour de Louis XIV, il aurait ajouté : « 10 minutes par jour suffisent ! Point n'est besoin de mouiller le justaucorps fluo ! »

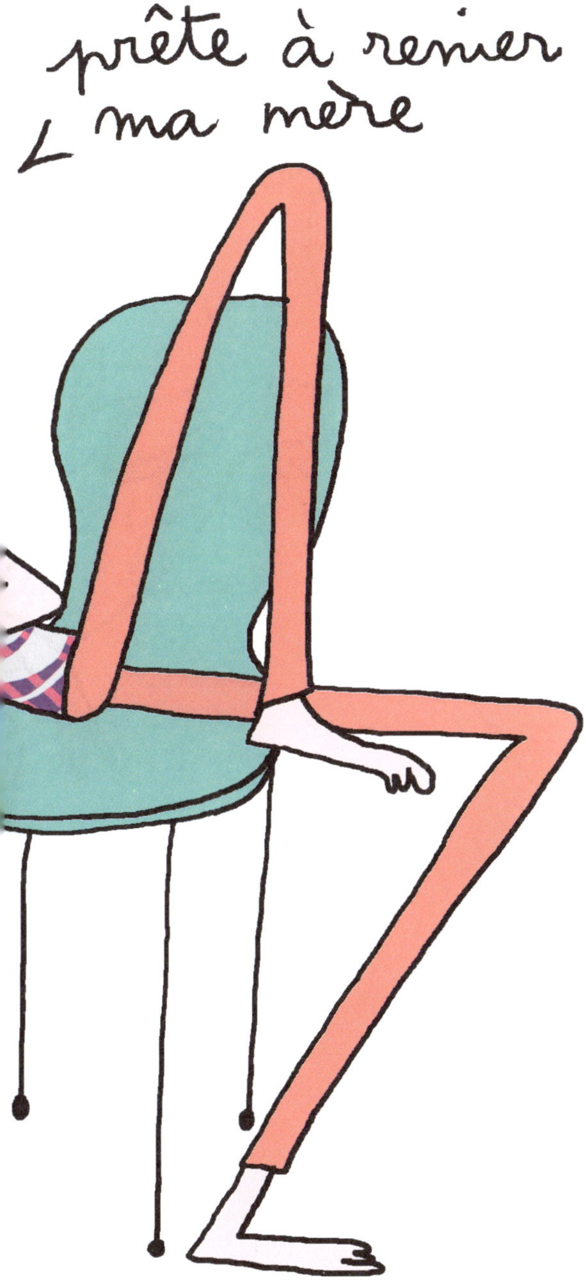

Check-list

Mes sporty toys

Je m'équipe ! Pour conquérir ma silhouette de rêve, il me faut :

☐ Une bande élastique en peau de bonnet de bain ou un manche à balai.

☐ Un gros ballon (Swiss Ball®) ou un tabouret avec un coussin.

☐ Des haltères à scratch pour poignets et chevilles ou deux gros pots de Nutella® (pleins et pas ouverts).

☐ Une corde à sauter ou la corde d'attache du piquet de ma tente Quechua®.

☐ Une moquette très épaisse, un bon tapis, ou une couette confort +.

☐ Un miroir en pied pour constater mes progrès ou... un Jules qui me dit que je suis la plus belle.

☐ Une copine à qui parler de mes progrès ou... une copine à qui parler de mes progrès.

☐ Un crayon de papier pour faire les tests du cahier ou un critérium Montblanc® à me faire offrir par l'homme de ma vie.

☐ Un lot de copines avec qui papoter si je n'ai pas trouvé l'homme de ma vie, ou un lot de copines avec qui papoter si j'ai trouvé l'homme de ma vie.

jour 1

SEMAINE 1

Objectif de la semaine

Remettre le corps en mouvement

L'ensemble des exercices de la SEMAINE 1 peut être repris sur 10 minutes en guise d'échauffement avant un entraînement plus long, ou pour un entretien général de la silhouette. Pour les enchaîner, voir page 32, à la fin de cette semaine.

Pas le temps, la flemme, pas envie de bouger ?

C'est fou le nombre de fois au cours d'une journée où on se baisse pour ramasser un truc par terre.
Et si en plus vous êtes en possession d'un enfant de 6 à 15 mois, c'est magique : ce qui ne devait pas en théorie se retrouver à terre s'y retrouve quand même.
Souriez ! Et adoptez la « choir attitude » ! Ramassez tout ce qui traîne en vous positionnant pieds en canard, genoux dans l'axe, et dos droit.
Vous ne possédez pas d'enfant de 6 mois ? Pas de problème !

L'exercice est également efficace avec :

- **Un homme d'âge moyen**, doté d'un QI normal et de chaussettes (qui atteignent rarement la panière à linge).
- **Un chien** (qui boit dans sa gamelle et laisse de l'eau partout).
- **Un jean trop serré** que vous cherchez à agrandir à la taille parce qu'il sort du lave-linge (accroupissez-vous dignement, le dos droit !).

Petite remarque si vous êtes en possession d'enfant plus grands, et notamment de modèles à franges trop longues (10-18 ans), susceptibles de faire des remarques quant à votre nouvelle façon étonnante de vous baisser, voici la solution : regardez-le droit dans l'œil (il n'en laisse apparaître qu'un en général) et répondez : « J'adopte la choir attitude », demandez-lui alors de conjuguer le verbe à tous les temps et tous les modes. Pendant qu'il feuillette le Bescherelle, vous êtes large pour finir votre exercice.

Un corps de rêve sans régime

- **Faites du shopping ! En une heure, vous aurez brûlé environ 300 calories !**

Il se plie et s'emporte partout !

L'exercice qui ne prend pas de place et ne paye pas de mine : vous pouvez le réaliser sur une descente de lit si vous êtes en déplacement chez votre grand-maman, ou devant votre cabine de douche si vous passez une nuit dans un hôtel Formule 1®.

- Pieds en canard et dos archi-droit, descendez le plus bas possible en plié sur vos chevilles. Aidez-vous au besoin d'une chaise ou du bord d'un lit.

- Remontez, puis recommencez une dizaine de fois, très lentement : ne vous laissez pas tomber sur vos jambes pliées, plus vous irez doucement, plus ce sera efficace.

- Dès que vous vous sentez à l'aise avec le mouvement, lâchez la chaise, vos abdos prendront le relais.

! *ATTENTION : vos genoux doivent rester dans l'axe de vos pieds et votre dos doit rester droit.*

Si je le fais régulièrement, je gagne :

Un dos musclé (je lute contre les poignées d'amour), des jambes affinées et, en bonus, des abdos, car il est impossible de descendre en équilibre si je ne « serre » pas mon ventre.

IMC, mon ami

Vous le savez sans doute, l'IMC, c'est votre Indice de Masse Corporelle. Attention, l'IMC, ce n'est pas la même chose que le poids idéal. Il s'agit d'un indice plus médical afin de savoir où votre poids se situe par rapport à l'ensemble de la population. La méthode doit être affinée et discutée avec un médecin, car elle ne tient pas compte de votre carrure (vos os peuvent être plus ou moins lourds) ni de vos muscles (ceux-ci sont plus lourds que la graisse). Toujours est-il que le résultat normal, c'est-à-dire celui pour lequel les médecins ne s'inquiètent pas, se situe entre 18,5 et 24,9. On est donc dans la bonne moyenne si son IMC est autour de 22.

Pour le calculer, effectuez l'opération suivante :
Votre poids en kg (par exemple 60 kg) divisé par votre taille en mètre, au carré (par exemple pour 1 m 68 : 1,68 x 1,68).

Mon poids .... **÷ Ma taille au carré** .... = ...

Votre résultat est inférieur à 18,5

Votre poids semble insuffisant. Ne vous gavez pas pour autant de hamburgers. Privilégiez la qualité, et faites-vous plaisir.

Votre résultat se situe entre 18,5 et 24,9

Votre poids est normal. Par conséquent, comme toute fille normale, vous avez sans doute, selon vous, éternellement 3 kg à perdre...

Votre résultat se situe entre 25 et 29,9

Vous êtes en excès de poids. Consultez votre médecin, un surpoids peut provoquer des problèmes de santé importants.

Votre résultat se situe entre 30 et 34,9

Cet indice est aussi appelé « obésité classe I ». Il est nécessaire de consulter un médecin. Pour un amaigrissement, il est essentiel d'être accompagné par une équipe médicale.

Votre résultat est au-delà de 35

Il est urgent de rencontrer un spécialiste. Des troubles coronariens graves sont à craindre, et votre amaigrissement ainsi qu'un exercice physique adapté ne peuvent se faire que dans le cadre d'un suivi médical strict.

Je calcule mon poids idéal

Le poids idéal tient compte de votre corpulence (rapport taille/poids) et vous donne le poids santé duquel vous pourriez vous rapprocher.

Pour le calculer, la marche à suivre est la suivante :

1. Notez votre taille actuelle en cm ....

Soustrayez 100 à ce chiffre .... (ma taille en cm - 100)

Notez ici le résultat ....

2. Reprenez votre taille en cm, soustrayez 150 puis divisez par 2,5

.... (ma taille en cm - 150) ÷ 2,5 = ...

Reprenez à présent le résultat de l'étape 1 et soustrayez à celui-ci le résultat de l'étape 2.

Vous obtenez votre poids idéal = ...

Le résultat est bien entendu à nuancer.

- Si vous êtes actuellement à + ou – 5 kg de ce résultat, vous vous rapprochez de votre poids idéal.
- Si, en revanche, vous dépassez de plus de 5 kg le résultat que vous venez de trouver, vous avez un peu d'embonpoint.
- Au-delà de 10 kg, consultez un médecin.

Ma feuille de route

Je note ici :

Mon poids de départ

....

Mon tour de cuisse

....

Mon tour de hanche

....

Mon tour de taille

....

jour 2

SEMAINE 1

Votre objectif : rajeunir ! Saviez-vous que les médecins utilisent le test de l'équilibre pour connaître l'âge d'une personne ? Installez-vous sur un pied, et fermez les yeux. Lâchez prise si vous vous mainteniez à l'aide d'une chaise, et comptez combien de secondes vous êtes capable de rester ainsi sans vaciller. Plus vous restez longtemps en équilibre, et plus vous êtes jeune ! L'exercice proposé aujourd'hui permet non seulement de remuscler l'ensemble des muscles de la jambe, mais aussi de faire travailler cet équilibre.

Pas le temps, la flemme, pas envie de bouger ?

Vous pouvez toujours tenter le même exercice allongée sur votre lit, en levant les jambes à la verticale au-dessus de vous, puis en passant sur le côté, puis en vous retournant sur le dos pour pointer votre jambe vers un sol inexistant... mais, en fait, c'est pire : certes, vous êtes allongée, mais vous souffrez dix fois plus. Cet enchaînement, c'est un peu comme un poil dans un Silk Epil® : soit vous vous épilez régulièrement, et vous ne souffrez pas trop, soit vous le tentez une fois par siècle, et vous vous souvenez enfin de l'adage cher à votre grand-tante : « tu t'épileras dans la douleur ».

Donc, courage, pratiqué régulièrement, à la verticale, ce petit exercice est hyper efficace contre la culotte de cheval, et en plus il ne fait pas (trop) souffrir.

Un corps de rêve sans régime

• Passez l'aspirateur ! Vous allez brûler 100 calories en une demi-heure ! (Voilà pourquoi les chéris prennent de la bedaine : parce qu'ils ne le passent pas !)

L'EXO DU JOUR

Midi, 15 heures, 18 heures

Imaginez que vos deux jambes sont les deux aiguilles d'une horloge, et vous êtes au centre.

- Pieds joints, jambes parfaitement tendues, dos droit, pointez votre pied sur midi, c'est-à-dire devant vous, et tapotez du peton deux fois, en conservant les jambes parfaitement tendues. Attention à ne pas laisser vos genoux se plier, et votre dos partir vers l'arrière.

- Jambe toujours parfaitement tendue, tapotez sur le côté, à 15 heures, toujours deux fois.

- Puis tapotez à 18 heures, jambes en béton. Attention, c'est la position la plus difficile.

! *Ne vous raccrochez pas à l'étagère Billy, elle ne vous sera d'aucune aide, surtout si vous avez omis de l'attacher au mur avec le petit ruban gris qui-est-resté-dans-son-sachet-et-qui-traîne-à-la-cave-avec-dix-autres-de-ses-congénères. Donc, tenez l'équilibre, ça vaudra mieux, et répétez l'exercice une dizaine de fois, jusqu'à sentir un tiraillement dans le fessier. Ensuite, changez de jambe...*

Si je le fais régulièrement, je gagne :

Des fesses en béton et le droit de mettre le même maillot que les filles d'*Alerte à Malibu*.

Je colle ici mes photos avant/après

En culotte-soutif dans votre salle de bain, placez votre appareil photo en position automatique, et prenez un cliché de vous. Pensez à prendre une photo dans la même position (en pied, de face ou de profil) à chaque début de semaine de notre programme. Vous devriez normalement constater un changement : en début de mois, vous aurez très envie d'utiliser photoshop avant de coller la photo ; en fin de mois, beaucoup moins...

Photo
SEMAINE 1

Photo
SEMAINE 2

Photo
SEMAINE 3

Photo
SEMAINE 4

Je pars à la chasse aux graisses

Dans les années 80, on a largement diabolisé les graisses : à part une feuille de salade (sans rien dessus ni autour) ou un brocoli bouilli à l'eau tout était interdit, puisque le gras, ça fait grossir et qu'on veut rester sirène, pour frimer dans son jean.

Heureusement qu'on a passé les années 80 ! Finie la coupe-brushing de Sue Ellen Ewing, et oubliée la chasse au gras. Aujourd'hui, on sait que toutes les graisses ne sont pas mauvaises pour notre santé et pour notre ligne. Il y a graisse et graisse. Les huiles vierges (pressées à froid) sont extrêmement savoureuses, riches en oméga, et elles contribuent à l'élimination du mauvais cholestérol dans notre corps. On peut se faire plaisir avec les huiles vierges de noix, de noisette, d'olive, de sésame. Un filet en fin de cuisson, et on peut dire adieu au légume à l'eau !

En revanche, on fait la chasse aux mauvaises graisses, cuites, hydrogénées ou animales. Elles sont néfastes pour nos artères et pour notre ligne : on fuit les viennoiseries, les biscuits, les plats tout prêts, les fritures.

jour 3

SEMAINE 1

Plus vous apprendrez à lever avec légèreté une jambe en sollicitant votre équilibre, plus vous regalberez sans vous en apercevoir l'ensemble de votre corps : en effet, pour garder l'équilibre, il est nécessaire de serrer le ventre, les muscles du dos ainsi que ceux des fessiers. Bref, si L'Oréal pouvait vendre cet exercice en bouteille de shampooing, il l'appellerait « 4 en un », et comme on le vaut bien, on s'y colle tout de suite !

Pas le temps, la flemme, pas envie de bouger ?

Investissez dans une paire d'haltères pour chevilles, et tentez le même exercice. Ça sera plus difficile, mais du coup vous pourrez vous contenter de faire des séries de 5 au lieu de 10. Et en plus, lorsque vous enlèverez les haltères, vos jambes seront si légères que vous pourrez répéter l'exercice 20 fois sans vous fatiguer !

UN CORPS DE RÊVE SANS RÉGIME

• Et si vous investissiez dans une perceuse et quelques clous ? Le bricolage vous permettra de brûler 100 calories par demi-heure et d'enrichir votre répertoire d'insultes. Au diable, ce clou qui se tord ! Saperlipopette !

Comme un compas dans l'air

Comme pour l'exercice précédent, placez-vous pieds joints, jambes tendues, dos droit.

Tendez votre jambe devant vous et levez-la légèrement de façon à ce qu'elle ne touche pas le sol. Pour réussir à tenir l'équilibre, vous allez sentir votre fessier se serrer et votre dos se redresser. La jambe qui vous sert d'appui doit rester bien tendue.

Gardez la jambe à la même hauteur, et passez-la sur le côté, puis derrière.

Revenez ensuite devant, et changez de jambe. Répétez l'exercice 10 fois.

Si je le fais régulièrement, je gagne :

Cet exercice sollicite énormément les fessiers et le bas du dos. Vous y gagnez des poignées d'amour en moins et un jean taille basse en plus.

Je vois… je vois… une bombe dans mon miroir !

En Chine, lorsqu'on pratique un art martial, on entraîne également sa tête à un curieux exercice : celui de la visualisation. En Occident, on va chez le médecin comme on irait au garage pour la révision de sa voiture. On laisse la tête de côté, et on fait réparer la machine. En Chine, qu'il s'agisse de médecine ou d'art martial, il est impensable d'envisager le corps sans la tête, et la tête sans le corps.
Le travail de visualisation en est la preuve. Laissez-vous guider, vous allez être étonnée du résultat.
Cherchez sur Internet la photo d'une fille très souple, en grand écart ou dans une position que vous auriez du mal à réaliser vous-même. Collez ci-contre sa photo.

Fermez les yeux : vous pouvez très facilement imaginer la gymnaste en grand écart. Imaginez-vous à présent dans cette position. Fermez les yeux. Vous n'y parvenez pas ? C'est normal. Notre tête a beaucoup de mal à visualiser ce que nous ne parvenons pas à faire. C'est pourquoi, dans les arts martiaux en Chine, on demande aux élèves de visualiser les positions difficiles pour mieux y parvenir. L'exercice est étonnant, car il est possible de gagner quelques centimètres de souplesse uniquement en essayant de se voir dans la position quelques secondes par jour.

Vous pouvez mettre en application l'exercice de visualisation pour :

- Les enchaînements proposés qui vous paraissent difficiles.
- Votre corps allégé de quelques kilos et de quelques centimètres de tour de taille.

Je note l'exercice de visualisation que je souhaite faire :

....

....

....

....

Collez ici la photo d'une gymnaste

Je colle ici une photo de moi comme je m'aime ou comme j'aimerais (re) devenir.

Vive le pain !

On a bien dit du pain, pas de la baguette en polystyrène expansé : le pain, c'est composé de farine, complète ou semi-complète, de levain, d'une pincée de sel et d'eau. La baguette en caoutchouc est dénuée de fibres et d'oligoéléments puisqu'on a ôté le germe du blé et son écorce ; quant au pain de mie, c'est pire : il est riche en huiles, salé, sucré...

Au XIXe siècle, on consommait 133 kg de pain complet par an et par habitant, et on ne croisait pas des masses d'obèses dans les rues... Depuis les années 70, on en consomme moins de 3 kg par an, mais nos kilos à nous ont augmenté.

Le pain complet est riche en fibres, il cale bien, il est parfait pour une petite collation. On dit stop aux barres « de régime » qui sont bourrées de sucres, on lève le pied sur les biscuits et le « faux pain », et on redécouvre les saveurs du pain d'antan.

jour 4

SEMAINE 1

Quand on se regarde dans la glace et qu'on admire sa culotte de poney (plus légère qu'une culotte de cheval, et pourtant tellement présente à notre esprit lorsqu'on essaie de rentrer dans un jean lavé de frais), on a tendance à se focaliser sur « la partie à traiter ». Si le fusil laser de la panoplie Star Wars fonctionnait dessus, sûr qu'on aurait déjà demandé à une de nos têtes blondes de tirer dans le mille. En réalité, les exercices qui sollicitent l'ensemble du corps sont bien plus efficaces en profondeur que lorsqu'on s'acharne à faire des pompes à toute allure. L'exercice de l'horloge fait des miracles sur ladite culotte de... poulain... voyez comme elle a déjà diminué !

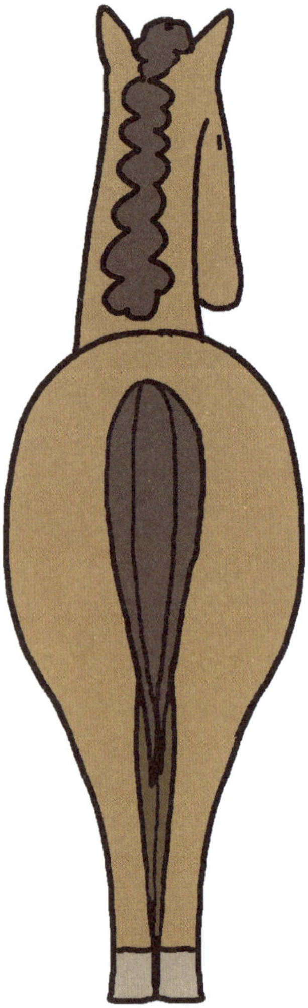

Pas le temps, la flemme, pas envie de bouger ?

Offrez-vous la dernière saison de *24 heures*, en DVD... c'est votre chéri qui va être content. Et à chaque fois que vous entendez le tic-tac électronique du temps qui passe dans l'épisode (« tou-tite », « tou-tite » pour celles qui connaissent), levez votre popotin du fauteuil et faites une série de 10. Vous allez avoir les fesses de MacGyver et la rapidité de Jack Bauer, c'est moi qui vous le dis.

Un corps de rêve sans régime

• Vous possédez un jardin ? Un balcon ? Jardinez ! Vous brûlerez 400 calories à l'heure ! Bon, d'accord, un peu moins si vous plantez des géraniums sur votre rebord de fenêtre ou un ficus dans le salon...

L'horloge

Exercice aussi efficace que le couteau suisse de MacGyver.

Placez-vous bien droite, jambes légèrement écartées.

Passez tout le poids de votre corps sur l'une de vos jambes. Vous devez garder les deux jambes parfaitement tendues et le dos bien droit.

Passez sur l'autre, puis faites balancier de l'une à l'autre en restant bien droite. Pensez que vous êtes aussi précise qu'un métronome ou une horloge comtoise.

! *Répétez le tic-tac de votre horloge une trentaine de fois, jusqu'à sentir que ça tiraille dans les fesses.*

Si je le fais régulièrement, je gagne :

Vous y gagnez des fesses en béton et des jambes fuselées.

Comme à la récré (mais sans les garçons qui m'embêtent)

La corde à sauter est excellente pour le travail du cœur : elle permet d'accroître l'endurance. Cet été, sur la plage, vous suivrez le moniteur de planche à voile à la nage sans aucun problème.

- Entraînez-vous d'abord sans la corde : sautez sur un pied, faites un petit rebond puis sautez sur l'autre, et faites un petit rebond aussi. Comptez pour vous aider : droit, droit, gauche, gauche, etc.
- Vous y êtes ? Dès que c'est acquis, rajoutez la corde : vous la passerez deux fois de chaque côté, une fois en changeant de pied, une fois sans changer (pensez toujours « droit, droit, gauche, gauche » pour garder le rythme).
- Commencez par une petite série de 25, puis augmentez de 5 à chaque fois que vous referez les enchaînements proposés au cours de cette journée.

Pour les plus courageuses

➔ **Restez trois temps sur chaque pied, et passez trois fois la corde.** Comptez pour vous aider : droit, droit, droit, gauche, gauche, gauche. Effet décuplé garanti sur le fessier !

Respirez, soufflez !

➔ **Ne vous étonnez pas si, au début, vous ne tenez pas plus de trente secondes :** on a tendance à oublier de respirer pendant l'exercice. Essayez d'y penser et de respirer de la même manière que si vous faisiez un footing.

➔ **Soufflez entre chaque série de sauts :** faites le dos rond en expirant, redressez-vous en inspirant.

Pour une efficacité deux en un

➔ **Contractez légèrement les abdos.** Pas facile d'y penser ? Raccourcissez les gestes de vos bras et de vos jambes, et vous serrerez spontanément les abdos : collez vos bras au buste, utilisez au maximum vos poignets pour faire tourner la corde, et sautez juste assez haut pour que la corde passe sous vos pieds, mais pas plus. Toute votre énergie va se concentrer sur la ceinture abdominale.

J'envoie mes faire-part de naissance

Envoyez vos faire-part aux copines et, surtout, inscrivez-y votre but. Le fait de rédiger le faire-part tout de suite, et éventuellement de prévoir une petite fête dans un mois, va vous permettre de donner du corps à votre projet. Le cas échéant, envisagez de remplir ce cahier avec une amie.

Melle ....

& SON DIVIN POPOTIN

ONT LA JOIE DE VOUS FAIRE PART DE LA NAISSANCE DE
CORPS DE RÊVE

IL PÈSE ....

ET MESURE ....

POUR FÊTER SES NOUVELLES MENSURATIONS,
ELLE VOUS INVITE À UNE GRANDE SOIRÉE FESTIVE

LE ....

jour

5

SEMAINE 1

Voici 5 jours qu'on s'entraîne, on est donc devenues des as du sport en chambre.
Il est temps de mêler l'efficacité des postures : le plié et l'équilibre n'ayant plus de secret pour vous, c'est parti pour une séance toutouyoutou en douceur !
N'oubliez pas : en matière de sport, c'est la tortue qui a raison, le lièvre a tout faux. Plus on va lentement, plus on progresse sûrement, et en profondeur.

Pas le temps, la flemme, pas envie de bouger ?

Si l'exercice ne vous emballe pas, vous pouvez :

- soit récupérer la cassette VHS de Véronique et Davina que vous avez stockée à la cave : il y a tellement de cartons entassés devant que vous allez muscler vos bras et vous faire les abdos.

- soit décider d'oublier les ascenseurs pour la semaine. Pour y penser, c'est facile, suivez les pictos verts lumineux « sortie de secours ». Si on vous demande pourquoi vous snobez votre ami Otis®, expliquez que vous faites de l'urban training, c'est tendance aux States. Traduisez : de la gym avec mon univers urbain.

Un corps de rêve sans régime

• **Oubliez l'ascenseur ! Si vous grimpez les escaliers 15 minutes par jour, vous brûlez 150 calories et vous gagnez des fesses de rêve !**

Véronique, sans Davina

On ne se fait pas aider par une copine, on tient l'équilibre toute seule comme une grande sur ses deux gambettes :

- Pliez la jambe gauche tandis que vous pliez aussi la jambe droite en la décollant du sol. Plus votre dos sera droit, plus vous tiendrez l'équilibre. Si vous n'y parvenez pas, aidez-vous d'une chaise, mais en y déposant seulement deux doigts : ne vous cramponnez pas à Davina.

- Tendez la jambe sur laquelle vous tenez en équilibre tandis que vous tendez devant vous celle qui est en l'air.

- Répétez le même exercice sur le côté : pliez les deux jambes, puis tendez sur le côté.

- Même enchaînement derrière : pliez, tendez. Dès que vous maîtrisez les jambes, vous pouvez ajouter les bras pour une allure plus vintage : toutouyoutou, pliez le tout, bras et jambes, et hop, tendez le tout !

! *Une petite série de dix sur chaque jambe ? Ouf ! il ne vous reste plus qu'à essuyer la sueur qui perle à votre front grâce aux poignets roses en coton éponge que vous arborez pour l'occasion, cela va de soi.*

Si je le fais régulièrement, je gagne :

Vous y gagnez la ligne de Véronique et la tonicité de Davina, en VHS années 80, bien sûr !

TEST : *Vais-je tenir la distance ?*

Serez-vous capable de mener ce programme jusqu'au bout et de poursuivre ensuite en pratiquant régulièrement 15 minutes d'entraînement deux fois par semaine ?

Faites le test pour le savoir...

- J'ai mis les bouchées doubles ! Je suis déjà en SEMAINE 2 dans le programme !
  Oui ☐ Non ☐

- La dernière fois que j'ai essayé d'aller courir, j'ai tenu une heure dès la première fois, et ensuite... j'avais tellement de courbatures que... je n'y suis pas retournée.
  Oui ☐ Non ☐

- En parallèle du programme de gym, je suis un régime ultra-strict : c'est salade verte à midi et surimi le soir.
  Oui ☐ Non ☐

- Lorsque je commence un programme de sport, je le suis si on me guide, et puis j'abandonne au bout d'un mois environ.
  Oui ☐ Non ☐

- Le plus dur, c'est de se lancer seule dans la bataille !
  Oui ☐ Non ☐

- Le plus difficile, c'est de trouver le temps...
  Oui ☐ Non ☐

VOUS AVEZ UNE MAJORITÉ DE OUI

Rien ne sert de courir, il faut partir à point... Privilégiez la qualité et la régularité à la quantité. Mieux vaut faire 10 minutes de gym chaque jour, ou simplement marcher un peu chaque jour, que d'aller courir une fois par mois. Allez-y en douceur, vous ne surchargerez pas votre emploi du temps et vous ne vous découragerez pas.

Le sport, vous ne trouvez vraiment pas ça drôle ? Voici quelques astuces pour vous donner envie de vous lancer, et surtout de persévérer :

- Entamez le programme avec une copine. À deux, c'est toujours plus amusant.
- Programmez votre quart d'heure d'exercice au moment de votre série télévisée préférée : elle, vous ne la manqueriez pour rien au monde, et étant donné qu'elle n'est pas sous-titrée en jaune paille comme sur Arte, vous pouvez tout à fait suivre les dix premières minutes en faisant quelques enchaînements.
- Pour vous éviter de démarrer à fond et de lâcher en cours de route, concoctez-vous un petit programme musical d'un quart d'heure : musique douce et lente au départ, puis morceaux plus rapides à la fin, lorsque vous êtes bien échauffée.

VOUS AVEZ UNE MAJORITÉ DE NON

Bravo ! Aucun obstacle ne se profile à l'horizon, vous allez sans aucun doute mener ce programme à son terme ! En cas de panne, lisez cependant les astuces conseillées dans le profil précédent, on ne sait jamais...

Je croque la vie à pleines dents

Plantez un grain de riz blanc dans la terre, que va-t-il se passer ? Rien du tout. Dépourvu de son écorce, le grain de riz est un aliment mort : il ne peut pas pousser.
Plantez un grain de riz complet dans la terre : il germe aussitôt. C'est un aliment vivant. Les fringales répétées contre lesquelles on tente de lutter au quotidien sont très souvent dues à une alimentation si raffinée que notre organisme ne parvient pas à y puiser les oligoéléments dont il a besoin.

Gobez un Bounty, vous aurez faim une demi-heure plus tard. Buvez un soda, vous aurez encore soif. En privilégiant dans notre alimentation les ingrédients que la nature nous offre, non seulement on se régale, mais on affine sur le long terme sa silhouette, car on mange moins et mieux : on évite les grignotages.

Vous avez une envie de jus de fruits ? Pressez-vous une orange. Vous voulez vous sentir calée ? Invitez les céréales complètes dans votre assiette. Variez les plaisirs : riz complet, boulgour, millet, pâtes complètes... régalez-vous avec les aliments pleins de vie !

jour 6

SEMAINE 1

Le principe est simple : si vous vous musclez rapidement et sans souplesse, vous obtenez la carrure de Monsieur Propre. C'est super pour le casting de Village People, mais ce n'est pas vraiment ce dont vous rêvez. Il va donc falloir allonger le muscle, l'étirer tout en le faisant travailler. C'est l'objectif du jour. Pour vous donner du courage, visualisez ce petit trench en solde... il ne reste qu'un 38 en boutique ? C'est parfait ! Vous allez l'enfiler sans problème !

Pas le temps, la flemme, pas envie de bouger ?

Confortablement allongée sur votre couette, pliez une jambe au maximum, puis levez-la devant vous. Répétez l'exercice sur le côté, sans vous laisser emporter par la jambe qui se tend : votre buste doit rester entièrement collé à la couette.

UN CORPS DE RÊVE SANS RÉGIME

• Ne sautez pas du lit dès que le réveil sonne ! Prenez le temps de vous étirer longuement pendant 5 minutes. Vous brûlerez 40 calories, et vous aurez le temps de savourer la chaleur de votre couette.

On monte et on allonge… « Ô rage ! Ô désespoir !… »

Vous pouvez vous placer en équilibre ou vous aider d'une chaise au départ (attention à ne pas vous appuyer trop fort, sinon c'est elle qui fait tout le travail à votre place, or ce n'est pas la chaise qui veut un corps de rêve, c'est vous !).

- Repliez la jambe droite en conservant la jambe gauche parfaitement droite. Montez la cuisse de la jambe pliée le plus haut possible sans plier la jambe qui vous maintient en équilibre.
- Tendez la jambe repliée devant vous, en essayant de conserver votre cuisse à la même hauteur. Vous allez sentir que ça tiraille derrière le genou, c'est bon signe, signe que le muscle s'allonge.

! *Attention à ne pas plier la jambe qui n'est pas en l'air, attention aussi à ne pas laisser aller votre dos en arrière, il doit rester aussi droit que si vous attendiez la reine d'Angleterre avec un chapeau en poil de loutre noir sur la tête.*

- Répétez l'enchaînement sur le côté, puis derrière. Prenez votre temps : plus vous réalisez ce mouvement lentement, plus il est efficace. Pour être certaine d'aller lentement, comptez jusqu'à 12 pour monter la jambe, et encore jusqu'à 12 pour la déployer. Pour les paresseuses rêveuses et poètes, optez pour l'alexandrin (12 syllabes !). Levez et pliez : « Ô rage ! ô désespoir ! ô vieillesse ennemie ! » Tendez devant vous : « N'ai-je donc tant vécu que pour cette infamie ? » (c'est *Le Cid*, de Corneille, acte I, scène IV).

! *Qui a dit que le fait d'avoir un corps de rêve, c'était forcément n'avoir rien dans la tête ? Mais si, mais si, la paresseuse est une sirène qui pense, non mais…*

Si je le fais régulièrement, je gagne :

Une mention très bien au bac de français de mon fils.
Des jambes fuselées, même dans un legging coupé à mi-mollet.

TEST : *Savez-vous traquer le sucre ?*

Répondez par vrai ou faux.

1. Il n'y a pas de sucre dans les soupes toutes prêtes en sachet.
   Vrai ☐ Faux ☐

2. Un verre de soda, c'est à peu près l'équivalent de 6 sucres.
   Vrai ☐ Faux ☐

3. Les hamburgers des fast-foods ne sont pas sucrés, ils sont surtout salés et gras.
   Vrai ☐ Faux ☐

4. Le pain de mie est sucré.
   Vrai ☐ Faux ☐

5. Les yaourts aux fruits ne sont pas plus sucrés que si je sucrais moi-même.
   Vrai ☐ Faux ☐

6. Les plats salés tout prêts sont surtout trop salés, ils ne sont pas sucrés.
   Vrai ☐ Faux ☐

RÉPONSES **1.** Faux. *Dans la plupart des soupes toutes prêtes en sachet, vous découvrirez dans la liste des ingrédients du « sirop de glucose ».* **2.** Vrai. **3.** Faux. *Le sucre est un rehausseur de saveur. La plupart des pains de fast-food sont gras, sucrés et salés.* **4.** Vrai. *Il y a du sucre ajouté dans la composition des pains de mie.* **5.** Faux. *Généralement, ils contiennent 6 à 10 % de sucre. Essayez de faire rentrer 10 % de confiture dans votre pot de yaourt, c'est impossible. Mais les industriels, eux, y parviennent.* **6.** Faux. *Ils sont aussi sucrés, pour relever les saveurs.*

! *Je pars à la chasse au sucre !*

Ces dix dernières années, le tour de taille moyen des femmes françaises a augmenté de 4,5 cm.

C'est aussi flagrant sur les enfants : les bedons augmentent peu à peu... mais qu'avons-nous donc changé dans nos habitudes alimentaires pour nous arrondir à ce point à cet endroit de notre corps ? La réponse des médecins est sans appel : c'est notre consommation de sucre qui a augmenté : en 1880, on absorbait seulement 8 kg de sucre blanc raffiné par habitant. De nos jours, on en consomme... 35 kg.

Alors, sans se mettre pour autant au régime, on lève le pied et on lit les étiquettes : il y a les sucres que l'on voit et que l'on sent (un verre de soda correspond à 6 sucres) et ceux qui se sont discrètement cachés dans notre alimentation moderne : dans les condiments, les sauces, les plats tout prêts. Pour éliminer le sucre superflu sans se priver, c'est facile ! Il suffit de consommer les aliments les plus simples possible : mieux vaut un morceau de pain complet et deux carrés de chocolat plutôt qu'un paquet de biscuits, un yaourt nature avec de la confiture plutôt qu'un yaourt aux fruits.

jour 7

SEMAINE 1

On récapépète…

Si certains exercices vous ont posé problème au cours de la semaine, reprenez-les une fois avant d'enchaîner l'ensemble des mouvements. Vous bloquez réellement sur l'un des exercices ? Ce n'est pas un souci : échangez-le avec un autre enchaînement de cette même semaine, et répétez-le. Dans la mesure où toutes les postures proposées ont pour but de vous faire travailler votre équilibre tout en vous étirant et musclant harmonieusement, vous ne perdez rien au change.

Il se plie et s'emporte partout !

Midi, 15 heures, 18 heures

Comme un compas dans l'air

L'horloge

Véronique, sans Davina

On monte et on allonge… « Ô rage ! Ô désespoir !… »

MES BONNES RÉSOLUTIONS : *8 bons réflexes à adopter*

- Pour me sentir rassasiée et faire le plein d'oligoéléments, je pense aux céréales complètes dans la composition de mes menus.
- Je consomme des fruits frais et des légumes tous les jours.
- Je me régale avec des huiles vierges savoureuses : noisette, noix, sésame.
- Je lis la liste des ingrédients sur les emballages des produits que j'achète : il y a des termes compliqués ? hum, hum, ça n'a pas bien l'air naturel tout ça, je repose le paquet.
- Je troque la quantité contre la qualité. Je préfère déguster un dessert succulent une fois par semaine, plutôt que d'engloutir des barres chocolatées à la va-vite devant mon ordi au bureau.
- Je fuis les plats industriels, ils sont gorgés de graisses, de sucres et de sel.
- Je décide que désormais je lèverai le pied sur... (Cochez la mention choisie)

☐ Les bonbons
☐ Le Nutella®
☐ L'apéro
☐ ....
☐ ....

- Je choisis le jour de la semaine où j'ai le droit de me faire ce petit plaisir :

....

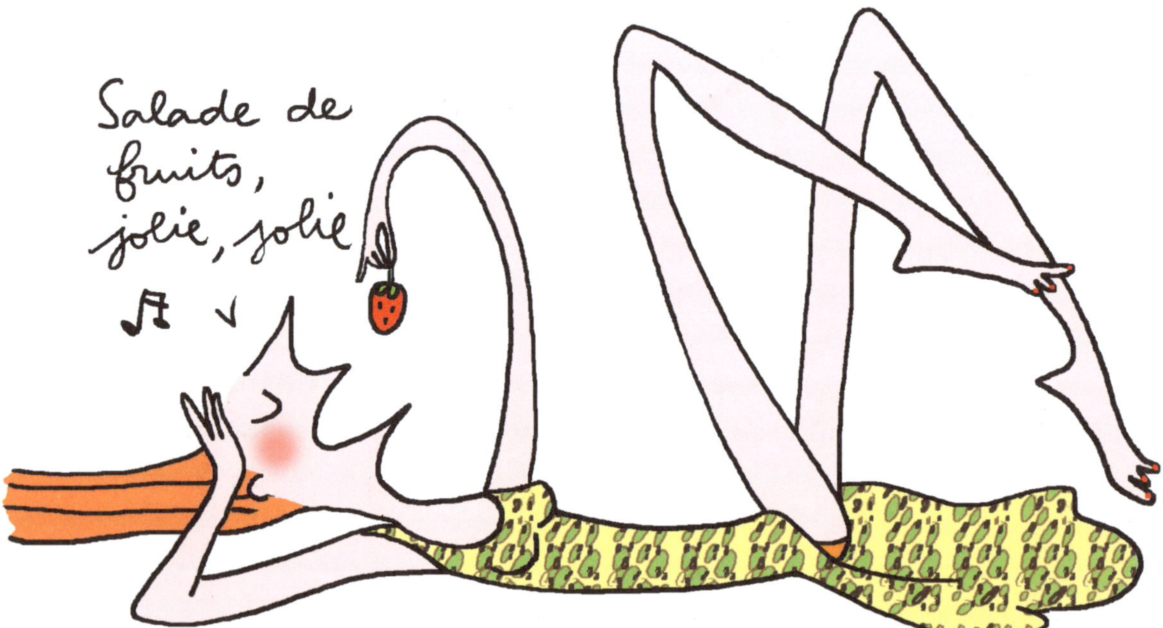

Marcelle Cerdante (les poils en moins)

- Empoignez votre corde à sauter. Pieds joints ultra-serrés, collez vos genoux l'un contre l'autre, serrez les jambes, et sautez avec les genoux légèrement fléchis.
- Réalisez des séries de 25, puis augmentez de 5 à chaque fois que vous enchaînez les exercices de cette journée. Si vous ne réussissez pas à sauter à pieds joints à toute allure, essayez sur un pied, c'est plus facile, car vous ralentissez spontanément le rythme, et en plus, vous reposez une jambe après l'autre, tout en musclant le fessier !

Trucs de paresseuses

- Plus qu'une astuce, une devise : quand à la corde tu sauteras, un soutif de sport tu porteras.

Un corps de rêve grâce au no-shopping

Qu'est-ce que le no-shopping ? Il s'agit d'une petite astuce qui va vous permettre de mincir sans effort, tout en épargnant votre carte bleue. La recette est simple :

- Feuilletez votre pouf'mag préféré. Attardez-vous sur les pages de mode.
- Repérez les tendances de la saison : les it-bottes, le it-manteau, la it-robe, le it-pantalon.
- Repérez ensuite les modèles qui ont l'air de faire grossir même Kate Moss : les bottes fourrées, le jean boyfriend, la chapka et le manteau doublé en mammouth laineux de Russie, les spartiates de Jules César portées avec les chaussettes que vous arborez d'habitude à Val d'Isère...
- Ne les achetez pas... vous gagnez aussitôt 5 cm de tour de taille, 10 de fesses et 15 de cuisse.

jour 8

SEMAINE 2

Pas le temps, la flemme, pas envie de bouger ?

Vous allez pratiquer l'exercice du programme pendant une semaine, mais en vous brossant les dents. Mieux que le shampooing 2 en 1 ! Vous aurez non seulement une taille de guêpe, mais en plus des dents ultra-brite !

Au lieu d'incliner le buste en musique, brossez d'un côté, puis brossez de l'autre en restant bien droite. Le bras qui ne tient pas la brosse à dents est levé bien droit au-dessus de votre tête. Tous les dentistes le disent : pour être efficace, un bon brossage, c'est 3 minutes. Alors, 3 minutes sur 7 jours, ça fait tout de même 21 minutes de gym... sans compter l'heure de détartrage qu'on pourra éviter le mois prochain chez le dentiste si on prolonge l'exercice toute l'année...

Objectif de la semaine

Affiner la taille, perdre du bidon

L'ensemble des exercices de la SEMAINE 2 *peuvent être repris en 15 minutes deux ou trois fois par semaine.* **Les exercices peuvent sembler doux, mais, s'ils sont pratiqués régulièrement, ils permettent de muscler le ventre en profondeur et en finesse. Ils mobilisent l'ensemble de la ceinture abdominale ainsi que le dos, parce que si on ne se tient pas droite, le ventre fait du mou ! Pour enchaîner les exercices, voir page 60, à la fin de cette semaine.**

Un corps de rêve sans régime

- **N'attendez plus le bus ! Marchez jusqu'à la station suivante. 10 minutes de marche par jour, vous brûlez 50 calories.**

L'amour, mais pas les poignées

- Choisissez un morceau de musique un peu « toum toum » sur lequel vous n'aurez aucun mal à compter jusqu'à 3.
- Visualisez un agent de police en train de faire la circulation : sort-il les fesses ? A-t-il le dos voûté ? Non, surtout s'il travaille pour la reine d'Angleterre. Faites comme lui, rentrez les fesses en basculant le bassin vers l'avant, redressez les épaules comme si vous vouliez pincer un crayon entre les omoplates.
- Levez les deux bras en essayant de ne pas bouger les épaules (les Playmobil y arrivent très bien, alors pourquoi pas vous ?).
- Inspirez, puis penchez le haut de votre corps à droite sans bouger le bassin (un agent de police n'est pas un adepte du hula hoop). Pour vous y aider, serrez les fesses à fond. Restez 3 secondes dans la position en soufflant. 1, 2, 3, revenez en position verticale, inspirez.
- 1, 2, 3, penchez de l'autre côté en expirant.

! *Poursuivez tant que votre tube préféré n'est pas terminé. Soufflez, puis recommencez avec la face B du 45 tours. Si vous êtes très moderne et que vous possédez une touche repeat, c'est encore plus efficace... on va dire que 5 minutes, c'est un minimum.*

Si je le fais régulièrement, je gagne :

Vous y gagnez un dos en béton et des jolies fesses fermes.

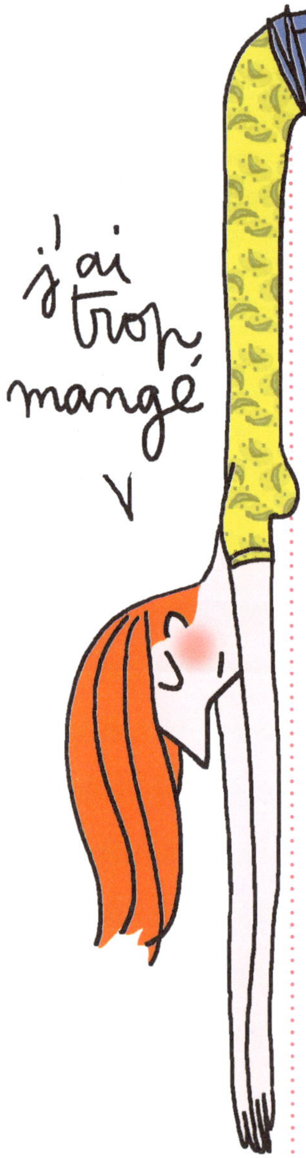

TEST : *Quelles sont vos FBR ? (Fausses Bonnes Raisons ?)*

Cochez ci-dessous toutes les fausses bonnes raisons de ne pas s'y mettre…

☐ Y'a la 18e saison de *Desperate Housewives* qui commence ce soir à la télé, donc le programme de gym, ce sera plutôt pour demain.

L'ANTIDOTE Programmez votre exo de gym devant votre série préférée… Pendant toute la durée de l'épisode ? Au moins pendant toute la durée du générique et de la pub. Pour les plus motivées : choisissez une chaîne qui passe *beaucoup* de spots de pub…

JE CHOISIS MON PROGRAMME TÉLÉ + MON EXERCICE :

....

....

☐ Avec toute la pâte à tartiner que j'ai ingurgitée, c'est pas deux petits mouvements de rien du tout qui vont changer grand-chose à mon état.

L'ANTIDOTE Programmez le même exercice mais avec deux pots de Nutella® au bout des bras.

JE CHOISIS MA MARQUE DE PÂTE À TARTINER + MON EXERCICE EN CAS DE DESCENTE INTEMPESTIVE DE LA CUILLER DANS LE POT :

....

....

☐ Avril… c'est trop tard pour être une sylphide en maillot cet été.

L'ANTIDOTE Si toi doubler tous les exercices, alors toi faire le programme de deux mois en un !

J'INSCRIS ICI LA MARQUE DE MAILLOT QUE JE VAIS M'OFFRIR DANS 8 SEMAINES SI J'Y ARRIVE :

....

....

☐ Septembre… Pff de toute façon, affiner sa silhouette pour les planquer dans les pulls et les manteaux, à quoi bon ? Et puis, avec la dinde de Noel qui se profile à l'horizon, de toute façon, c'est peine perdue…

L'ANTIDOTE Partir en vacances à Montréal et s'habiller comme les filles de là-bas (comme il fait tout le temps froid, les filles sont en mini jupe sous leur manteau par - 15 °). Ou préparer un repas de Noël en septembre, inviter toute la famille, puis s'y mettre ensuite.

J'INSCRIS ICI TOUTES LES TENUES QUE J'AI ENVIE D'ARBORER AVEC UN LEGGING CET HIVER :

....

....

UN ÉCART AU CHOCOLAT ?

Sachant qu'un carré de chocolat, c'est 35 calories, comptez le nombre de petits carrés délicieusement ingurgités… Ensuite, vous pouvez :

- Filer faire du shopping pendant une heure, vous dépenserez… le PIB de la Nouvelle-Guinée et 250 à 300 calories
- Opter pour une soupe au repas du soir…

jour 9

SEMAINE 2

Pour muscler la taille et le ventre, il existe une recette efficace : il faut les faire bouger. Or, dans notre vie de tous les jours, on a un peu tendance à évoluer comme des Playmobil® : on articule nos bras et nos jambes, mais la taille ne bouge pas des masses. C'est pour cette raison que, quand nous vieillissons, les coupes de champagne et les éclairs au chocolat viennent se loger à cet endroit, à moins qu'on décide que la Playmobil® attitude ne passera pas par nous.

Pas le temps, la flemme, pas envie de bouger ?

Proposez à votre chéri de le faire avec vous. Pour viriliser l'enchaînement, placez-lui une bouteille de Volvic dans chaque main. Il n'est pas très motivé ? Faites une série de 5 sous ses yeux, puis dites, dans une moue nonchalante : « Même pas cap' d'en faire 10... » Sûr, il va s'y mettre. Homme aimer challenge. Homme te montrer que lui être fort.

Un corps de rêve sans régime

• Monter les escaliers quatre à quatre, ça donne une allure plus jeune dans la démarche, et en plus c'est caloriphage : escaladez les marches deux par deux, vous perdez 7 calories par étage. Avis à celles qui travaillent dans une tour ou qui ont investi dans un appart' avec vue panoramique !

Danse du ventre sur ma descente de lit

Attention : cet enchaînement est déconseillé si vous avez des genoux fragiles.

- On se positionne à genoux, bras en l'air, dos très droit, fesses dans le prolongement du dos (on ne pointe pas le popotin en arrière).
- Avec l'élégance de Shéhérazade devant son Calife, on s'assoit délicatement côté gauche, en accompagnant le mouvement avec les bras : on s'assoit à gauche, les bras passent à gauche.
- On revient à genoux, dos droit, popotin rentré.
- On s'assoit de l'autre côté, en passant les fesses à droite et les bras aussi.

! *Répétez l'exercice une dizaine de fois. Pour vous aider, mettez une musique orientale. Vous allez vous prendre très vite pour Angélique marquise des Anges. Vous pouvez même tailler dans les affreux voilages du locataire précédent pour masquer subtilement le bas de votre visage, ou piquer dans les gommettes de votre fille pour simuler un piercing au nombril sur votre ventre nu.*

Si je le fais régulièrement, je gagne :

Cet enchaînement est extrêmement complet, il fait travailler l'ensemble de la sangle abdominale. Angélique, sur le tapis du salon, c'est vous. Joffrey de Payrac, c'est lui… enfin, il faudrait peut-être qu'il s'y mette aussi, parce que c'est pas en jouant à MarioKart® qu'il va reconquérir ses tablettes de choc'…

QUIZ BIDOU :
Savez-vous quels muscles vous utilisez ?

Pour avoir de beaux abdos et un ventre plat, il est important de solliciter l'ensemble des muscles du ventre. Les connaissez-vous ?

Pour le savoir, répondez aux questions suivantes.

1 Avec l'âge, on prend du ventre, même sans prendre de poids, car la ceinture abdominale se détend.
Vrai ☐ Faux ☐

2 Les abdos sont au milieu du ventre.
Vrai ☐ Faux ☐

3 Quand on a des poignées d'amour, il faut muscler en même temps le dos et le ventre.
Vrai ☐ Faux ☐

Je dessine les muscles du ventre sur la fifille ci-dessous : le grand droit, le grand oblique, le muscle transverse.

Réponses 1. Vrai et faux. Avec l'âge, on a surtout tendance à se tasser : les muscles du ventre aussi, ce qui nous donne l'impression d'avoir du ventre. Il est donc important de muscler aussi le dos. **2.** Faux. Les muscles abdominaux sont situés non seulement au centre (le grand droit), mais aussi sur les côtés (muscle transverse et grand oblique). **3.** Vrai. En musclant le dos, on sollicite également le ventre.

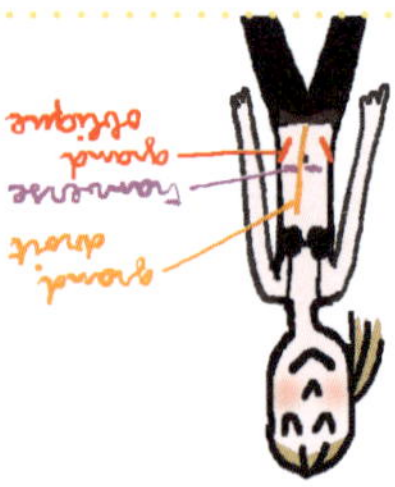

I-sirène (e-girl-fish in english ?)

Pour affiner sa silhouette l'air de rien, le plus simple est de se mettre à marcher. On recommande un minimum de 10 000 pas par jour, ce qui correspond à environ 4 fois 15 minutes de marche. D'abord, grâce à ces 10 000 pas, on brûle environ 240 calories (60 calories pour 15 minutes de marche), ensuite, on fait travailler la taille et les fessiers...

Un podomètre peut vous permettre de rester motivée. Téléchargez sur votre iPhone votre podomètre et partez de chez vous 15 minutes plus tôt pour marcher un peu, l'air de rien. Branchez vos écouteurs, comme une fille hyper affairée qui profite de son trajet pour passer des coups de fil pro, alors que vous avez simplement sorti la tenue de camouflage je-fais-du-sport-sans-en avoir-l'air...

Monsieur Couteau et Madame Fourchette

Pour éviter d'être tentée par le grignotage, posez une règle toute simple : « Sans couteau ni fourchette tu ne mangeras. » Forcément, ça oblige à manger assise à une table... Eh oui, le Bounty® ne se déguste pas au couteau et à la fourchette. Bon, d'accord, si on est rapide, le Nutella® tient très très bien entre les dents de la fourchette...

jour 10

SEMAINE 2

La taille et le dos, c'est une histoire de poule qui a fait l'œuf, et d'œuf qui a fait la poule. Qui soutient qui ? Réponse : les deux, mon capitaine. Avoir des abdos fermes permet de maintenir un dos droit, et un dos musclé nous aide à retrouver des abdos. C'est pourquoi il est important de les solliciter ensemble. Bon, d'accord, au départ, ce n'est pas très drôle, vu qu'on a les abdos en compote et le dos en coton...

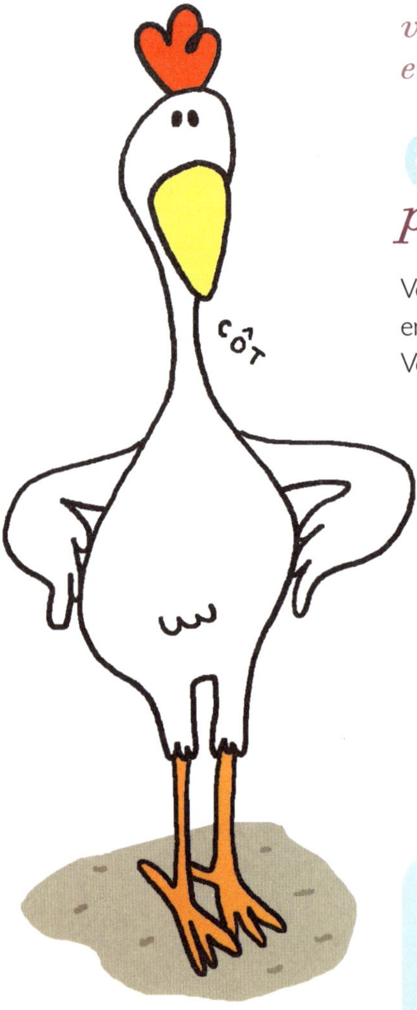

Pas le temps, la flemme, pas envie de bouger ?

Vous pouvez faire le même mouvement allongée sur le dos, en repliant une jambe et en levant l'autre à la verticale 6 fois de suite. Vos abdos travaillent aussi, mais plus en douceur.

UN CORPS DE RÊVE SANS RÉGIME

• Faites l'amouuur : vous brûlez environ 250 calories par demi-heure !

Abdos french cancan

Asseyez-vous sur un tapis moelleux, l'exercice peut faire un peu mal aux fesses !

- Repliez les jambes en gardant le dos bien droit. Vous allez déjà sentir que vos abdos travaillent.
- Levez une jambe devant vous en essayant de la tendre : inutile de la lever très haut, l'essentiel est de conserver le dos très droit, l'efficacité de l'enchaînement tient dans ce détail.
- Reposez la jambe, puis levez l'autre, dos toujours parfaitement droit.

! *ATTENTION à ne pas vous laisser aller en arrière pour tenter de compenser le poids de la jambe. Votre bidou doit vous aider à la lever !*

- Répétez l'exercice 20 fois, puis soufflez.

Si je le fais régulièrement, je gagne :

Vous y gagnez un dos musclé et un ventre dépourvu de bouée.

La paresseuse sait recevoir

Imaginez un sandwich SNCF. Vous vous asseyez sur un banc en plein courant d'air, dans un hall de gare bondé, et vous l'avalez en quelques bouchées au-dessus de son plastique d'emballage.
Prenez à présent le même sandwich SNCF. Vous ôtez le plastique et vous sortez le grand jeu : verre à pied, assiette de porcelaine blanche aux bords immenses, nappe en lin brodé, serviette assortie avec le rond de serviette en argent.

Question : lequel des deux sandwichs sera le plus savoureux ? Celui avalé sur un banc ou celui dégusté à la lumière douce d'un chandelier en argent ? Le second, sans aucun doute...
Quoi que vous mangiez, soignez la présentation : le plaisir des yeux permet d'accentuer celui des papilles et d'éviter d'enfourner à la va-vite l'intégralité d'un bac à glace Picard dans l'embrasure du congélateur.

Le crawl avec mon Swiss Ball® (ou avec mon lit)

Il est très important de muscler avant tout le dos, car c'est lui qui vous donnera un port de reine. Avec le dos droit, on a forcément les fesses rentrées et du ventre en moins.

- Allongez-vous sur le bord de votre lit ou sur votre Swiss Ball® de façon à ce que le haut du dos soit parfaitement soutenu.
- Levez les fessiers jusqu'à ce que vos jambes soient parfaitement dans l'alignement du dos.
- Tendez les bras au-dessus de vous. Vous pouvez, pour corser l'exercice, utiliser des haltères à scratch autour des poignets ou tenir deux pots de Nutella® (pleins) à bout de bras.
- Faites le crawl : un bras derrière la tête, parfaitement tendu, tandis que l'autre se range simultanément le long du corps.
- Répétez l'enchaînement 20 fois.

jour
11

SEMAINE 2

Il paraît qu'une fille annonce toujours son poids en enlevant environ deux kilos. OK, on avoue, on en fait partie. Oui, mais nous, on est capable de faire une série de pompes qui n'en sont pas sans mater sa voisine avec un air goguenard. D'ailleurs, nos zhommes, lorsqu'ils ne sont pas certains de réussir une série de véritables pompes AOC, ils préfèrent... ne pas en faire et se moquer de nous en levant les yeux au ciel. Mais qui affine réellement son tour de taille, eux ou nous ? Nous !

Pas le temps, la flemme, pas envie de bouger ?

Vous n'avez vraiment rien dans les bras et, du coup, vos abdos ne parviennent pas à prendre le relais ? Tentez une version quatre pattes-popotin : à quatre pattes, tendez les jambes en vous plaçant sur la pointe des pieds. Puis reposez. Répétez 20 fois. Tablettes de chocolat proposées avec l'extension de garantie de chez Darty®, ma p'tite dame (voir ci-contre pour la variante flemme).

Un corps de rêve sans régime

• Vous aimez courir ? Foncez ! En une heure, vous aurez brûlé presque 1000 calories !

L'exo du jour

Les pompes de filles

Les pompes de filles sont comme celles des messieurs, mais on triche un peu en posant les genoux. On est fragiles, nous !

Installez-vous à quatre pattes, puis avancez légèrement vos bras afin de placer tout le poids du corps sur vos épaules. Le dos doit être droit, le ventre ne doit pas partir en avant, retenez-le.

Descendez vers le tapis en pliant les bras comme si vous faisiez des pompes de mec, mais vos genoux sont posés sur le sol, et vos pieds bien à plat.

Répétez l'enchaînement autant de fois que vous le pouvez... Au départ, ça peut s'avérer difficile.

Si je le fais régulièrement, je gagne :

Vous y gagnez le ventre de toute fille sélectionnée par Geneviève de Fontenay. Cet été, vous aurez même le droit de choisir votre maillot vous-même (ça fait un bail que Geneviève n'a pas changé sa ligne de bain) et vous pourrez le porter sans la banderole « Pays de Loire » qui va avec !

Variante flemme

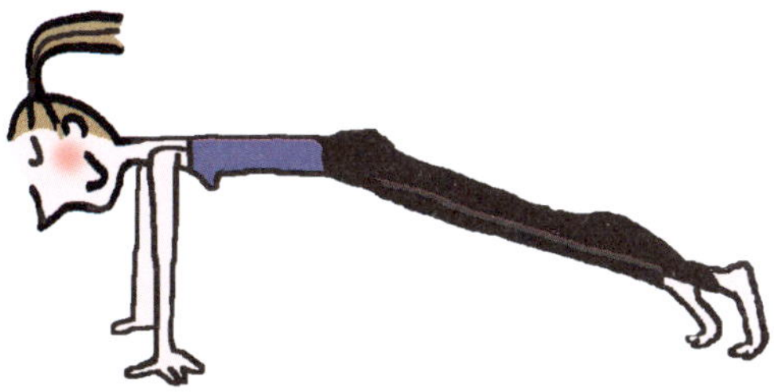

Ma gym en talons hauts

Chouette ! C'est le moment de sortir de leur carton vos talons de plus de 10 cm sur lesquels vous avez flashé, mais qui sont totalement impraticables pour se rendre de la photocopieuse à votre bureau.

- Chaussez vos twin towers, un joli legging pour avoir l'air de rien, et partez chercher du pain.
- Pour supporter et alléger le poids du corps sur vos talons, l'astuce consiste à marcher uniquement sur la pointe des pieds, avec le dos bien droit. Vous allez y gagner une silhouette de danseuse de flamenco et en prime, sans doute, une (ou plusieurs) belles rencontres.
- Évitez cependant le parc où vous faites habituellement votre jogging et le mini sac porté main. Et marchez d'un pas rapide, ça enlèvera toute ambiguité... les cent pas avec des talons dans un parc, c'est un autre sport...

Je veux mon quatre-heures !

Vous avez une envie irrépressible de foncer à la boulangerie pour vous offrir un petit plaisir ? Optez pour une crêpe ou un flan pâtissier : aussi étonnant que cela paraisse, le flan est moins calorique que le croissant (140 kcal contre 182 pour le croissant). De plus, il vous calera plus longtemps car la présence importante de protéines (dans les œufs) ralentit sa digestion. Quant à la crêpe, elle est légère lorsqu'elle est nature (seulement 40 kcal). Si vous n'en mangez pas dix d'affilée, vous pouvez tout à fait vous offrir ce petit plaisir... sans Nutella® bien entendu...

JE M'AIME !

Je note ici mes qualités physiques :

Mon décolleté

Mes jambes

Ma poitrine très abondante

Mon ventre

....

....

....

....

Je note ici comment les exploiter :

Je m'offre une série de petits hauts très décolletés

Je fonce sur la mode des blouses floues

....

....

....

....

....

jour
12

SEMAINE 2

Dès vingt ans, notre souplesse décroît. Au fil du temps, on économise spontanément l'amplitude de ses mouvements. C'est pourquoi la démarche d'une très jeune fille semble toujours plus fluide et légère. En travaillant notre souplesse, nous offrons à notre corps la possibilité de renouer avec ce physique de liane que nous avions autrefois… La table n'est pourtant pas si haute ? Oups ! ça tire ! ça coince ! On y va en douceur… lentement, mais sûrement, on ne le répétera jamais assez…

Pas le temps, la flemme, pas envie de bouger ?

Si vous êtes trop rouillée ou si l'enchaînement vous paraît trop acrobatique, tentez le même exercice avec le pied sur une chaise. C'est plus facile, mais si vous gardez les deux jambes bien tendues et le dos bien droit, les abdos travaillent aussi.

Un corps de rêve sans régime

- Partez en balade ! Sortez le chien même si vous n'en avez pas ! En 20 mn, vous brûlez 200 calories !

Jambe sur la table

On ne met pas les pieds sur la table ! Ce n'est pas poli, mais là on va faire une exception pour gagner quelques centimètres de tour de taille.

Posez une jambe sur la table, et installez-vous avec les deux genoux bien tendus et le dos très droit. Si vous sentez que ça tire, n'allez pas plus loin, mais comptez jusqu'à 50 dans cette position : pour tenir le dos droit, votre ventre est déjà sollicité.

Si vous êtes assez souple, penchez-vous en avant, toujours en gardant le dos bien droit et en comptant jusqu'à 20.

Tournez-vous sur le côté par rapport à la table, et penchez légèrement le buste du côté opposé à la table. Comptez jusqu'à 10, puis reprenez la position avec le buste droit.

! *Pour les plus souples et les plus courageuses, tentez le même mouvement dos à la table : descendez légèrement le buste vers le sol, gardez la position en comptant jusqu'à 10, puis remontez.*

Si je le fais régulièrement, je gagne :

Ce mouvement sollicite les abdos en profondeur, car vous n'avez rien pour vous raccrocher : il faut tenir le buste grâce aux muscles de votre ventre !

je déteste bouger...

J'aime pas le sport

Cochez ce qui vous correspond, et lisez la solution :

☐ J'ai horreur de transpirer.
LE SPORT QUI ME VA : le Pilates, le yoga, la marche.

☐ Je déteste l'eau froide.
LE SPORT QUI NE ME VA PAS : la piscine. Chouette ! Il me reste tout le reste !

☐ Je suis moche en short.
LE SPORT QUI ME VA : je démarre un programme solo, et je fuis les salles bondées où les filles sont toutes en total shorty look.

☐ J'ai pas le temps.
LE SPORT QUI ME VA : celui que je vais pratiquer sur ma moquette, en utilisant tout le temps que je perds à regarder Sacrée Soirée.

☐ J'ai la flemme de ressortir le soir.
LE SPORT QUI ME VA : je pars plus tôt le matin et je marche, je prends mon vélo pour tous mes petits déplacements du quotidien.

☐ Le vélo d'appartement, c'est encombrant.
LE SPORT QUI ME VA : je peux très bien faire du vélo sur mon lit : allongée sur le dos, je pédale dans le vide un quart d'heure tous les soirs.

☐ Les vestiaires, ça sent mauvais.
LE SPORT QUI ME VA : pour pratiquer un sport en salle, j'arrive tout habillée, je n'ai plus que mon imper' à enlever.

☐ Je n'aime pas courir.
LE SPORT QUI ME VA : je pratique la marche rapide 2 fois par semaine, ça fusèle les muscles en douceur, et c'est tout aussi efficace que la course à pied.

! *Les copines veulent aller au restau, je choisis lequel ?*

Pour alléger vos repas l'air de rien, sans pour autant renoncer au déjeuner entre copines, optez pour le restaurant japonais : les menus sont parfaitement équilibrés, riches en fibres et peu sucrés. Évitez simplement les fritures (du type gyoza ou crevettes panées). Ensuite, vous avez le choix entre le MM4, le Fw8 ou le I12... brochettes ou sushi, vous pouvez y aller !

jour 13

SEMAINE 2

L'objectif du jour requiert maîtrise et concentration : tel un guerrier chinois prêt à attaquer l'ennemi par la seule force de son esprit, préparez-vous. Vous n'allez pas jeter votre gambette dans tous les sens en vous pliant en deux et en éclatant de rire comme lorsque vous entamiez une danse des canards effrénée avec vos copines le 14 juillet 1986, au bal des pompiers. Droite sera la jambe, et précise sera son envolée. La gambette touchera le sol ensuite avec la légèreté d'un papillon posé sur un lac immobile.

Pas le temps, la flemme, pas envie de bouger ?

Vous pouvez faire le même mouvement, allongée sur votre couette. Tendez les jambes, serrez le ventre, puis levez en alternance l'une, puis l'autre.

Un corps de rêve sans régime

• Empruntez la corde à sauter de votre fille ou de votre petite voisine : en un quart d'heure, vous aurez brûlé 700 calories.

L'EXO DU JOUR

Grands battements

Dans cet exercice, les jambes doivent rester aussi raides que des bâtons, sinon les abdos ne travaillent pas. Donc, inutile de lever la jambe très haut en pliant les genoux et en faisant le dos de Quasimodo.

Tel un parfait Playmobil® doté de l'option « les deux jambes séparées », levez une gambette devant vous, reposez-la en douceur, puis levez l'autre. Plus vous accompagnez la descente de la jambe en freinant la chute, plus vos abdos travaillent et plus les voisins du dessous sont contents. Changez de jambe, et alternez une vingtaine de fois.

Si je le fais régulièrement, je gagne :

On dit qu'une pomme par jour éloigne le médecin.
Et 20 grands battements par jour éloignent le bourrelet.

Comme en discothèque, sauf que je suis au bureau

- Asseyez-vous confortablement sur un tabouret et sur le milieu de votre élastique.
- Adaptez la longueur de l'élastique pour que vos épaules rencontrent une certaine résistance et enroulez-le autour de vos mains.
- Levez un bras, puis l'autre, en les tendant bien et en étirant le dos. Vous allez sentir que ce sont les abdos de côté qui travaillent. Exit les poignées d'amour, mais pas l'amoureux !

Vous pouvez aussi essayer sans élastique avec un baladeur sur les oreilles... vous aurez l'air d'une ado en transe sur le dernier tube « trop stylé » de Graine de star... Avec un sac Vanessa Bruno à paillettes posé à côté du tabouret et une grande mèche de cheveux sur les yeux, l'illusion sera parfaite.

Je suis ballonnée

Demandez à votre pharmacien de vous préparer des gélules composées des huiles essentielles suivantes : basilic exotique, menthe poivrée, cumin, citron et estragon. Les 5 plantes rentrent à part égales (1/5) dans la composition de la préparation. Emportez vos gélules avec vous, et prenez-en une après le repas.

➔ Essayez également d'identifier la provenance des ballonnements en supprimant pour un temps certains aliments. Vous vérifierez ainsi si les symptômes persistent ou non : ceux qui sont susceptibles de provoquer le plus de ballonnements sont avant tout le lait, les produits laitiers, les céréales raffinées. On incrimine également les légumes secs, mais de nos jours, ce ne sont pas des aliments que l'on consomme au quotidien !

Les tongs amincissantes

➔ Si si, ça existe et, en plus, ça marche. Et si vous n'aimez pas les tongs, vous pouvez aussi vous procurer des bottes musclantes, des sabots fuselants, des baskets fessier-béton. Le tout, sans faire de sport, uniquement en marchant dans son quotidien. Le principe de ces chaussures est simple : la semelle est conçue comme une planche d'équilibre que l'on voit dans les salles de sport (le balance board, pour celles qui ont tenté de tenir dessus). Le talon est positionné très légèrement vers l'arrière, ce qui provoque une sollicitation de l'ensemble des muscles de la jambe et du fessier. Et, Ô miracle ! comme on est obligées de se tenir beaucoup plus droites pour marcher, les abdos travaillent aussi !

jour 14

SEMAINE 2

On récapépète…

Bravo ! Vous êtes parvenue à la mi-temps de ce programme, et le lever de gambettes n'a désormais plus de secrets pour vous. Encore un petit effort, et vous pourrez peaufiner votre programme perso afin de conserver sur le long terme une silhouette de rêve !
Si vous souhaitez reprendre cet ouvrage à son début, il est possible de refaire les exercices en multipliant peu à peu tous les temps par deux. Mais si, vous allez y arriver !

L'amour, mais pas les poignées

Danse du ventre sur ma descente de lit

Abdos french cancan

Les pompes de filles

Jambe sur la table

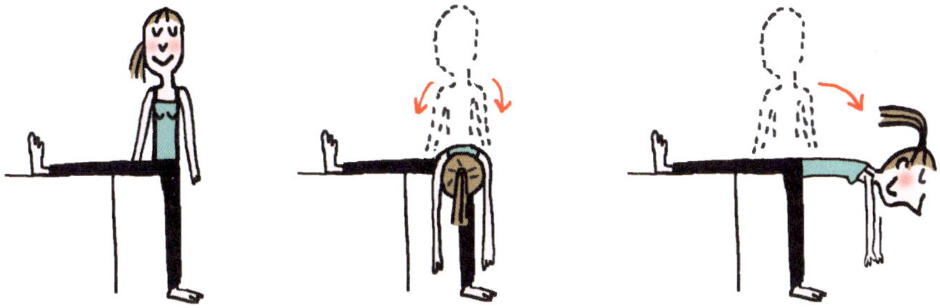

Grands battements

Mon bilan de la semaine

- J'ai testé tous les exercices.

Oui ☐ Non ☐

- J'ai effectué au moins une fois l'ensemble des enchaînements.

Oui ☐ Non ☐

- J'ai même fait quelques abdos en plus.

Oui ☐ Non ☐

- J'ai décidé de mettre en application au moins un des conseils diététiques.

Oui ☐ Non ☐

J'ai perdu . . . grammes, . . . cm en tour de taille et . . . cm en tour de cuisse par rapport à ce que j'avais noté en début de programme.

Vous avez une majorité de Oui

Bravo ! Continuez sur votre lancée et offrez-vous un petit plaisir aujourd'hui... sac, chaussures, livres, DVD, à vous de choisir ! À consommer sans modération...

Vous avez une majorité de Non

Ne passez pas par la case départ et ne touchez pas 20 000... Pas de panique ! Reprenez au premier jour de cette semaine et allez-y à votre rythme. Si certains exercices vous rebutent, vous pouvez les remplacer par d'autres qui vous ont enthousiasmée dans les semaines précédentes, l'essentiel, c'est de bouger !

Impossible de faire l'impasse sur le gâteau du dimanche, je fais comment ?

Si le fait de ne pas déguster la fameuse charlotte au chocolat de belle-maman pose un problème diplomatique grave, inutile de mettre l'harmonie familiale en péril pour conquérir une silhouette de rêve ! Un bon équilibre alimentaire ne se crée pas à l'échelle d'une journée mais plutôt sur une semaine. En gros, si vous vous offrez une douceur le dimanche, ce n'est pas ce qui fera pencher l'aiguille de la balance sur la droite pour autant.
On diabolise souvent la bonne grosse part de gâteau, alors qu'on devrait avant tout faire la chasse aux mini grignotages quotidiens qui sont bien plus caloriques sur le long terme. Bonne nouvelle ! Vous allez pouvoir vous réconcilier avec belle-maman !

Chéri ! Un massage !

En réflexologie, les plantes de pieds représentent l'aboutissement de l'ensemble des énergies du corps. La région située entre le talon et les coussinets des orteils concentre l'ensemble des points du ventre : estomac, pancréas... Le fait de masser cette partie du pied permet à l'organisme de relancer les énergies, de faciliter la digestion, d'aider le ventre à retrouver son tonus.

Demandez à votre chéri de vous masser les petons le soir après le repas. S'il est grand débutant, pas de souci, expliquez-lui que la méthode est très simple : il suffit, avec le pouce, de tracer des lignes parallèles sur cet espace de votre pied. La pression doit être douce, mais ferme.

jour 15

SEMAINE 3

Pas le temps, la flemme, pas envie de bouger ?

C'est trop dur ? Levez uniquement les jambes dans un premier temps. Comme vous avez le nez sur le tapis, vous allez vous apercevoir que le nombre de miettes au mètre carré est beaucoup trop important, et du coup, vous passerez l'aspi après l'enchaînement. Ça va vous permettre de brûler 50 calories en plus par quart d'heure !

Objectif de la semaine

Regalber les fessiers

L'ensemble des exercices de la SEMAINE 3 *peuvent être repris en 15 minutes deux ou trois fois par semaine.* Les enchaînements peuvent sembler doux, mais, s'ils sont pratiqués régulièrement, ils permettent de regalber le fessier en profondeur et en finesse. Pour enchaîner les mouvements, voir page 88, à la fin de cette semaine.

Un corps de rêve sans régime

• Et si vous vous mettiez au vélo ? C'est poétique (surtout quand on met une grosse salade et une baguette de pain dans le panier à l'avant), ça permet de faire des rencontres (surtout avec une robe légère qui vole au vent) et ça grille 500 calories à l'heure.

Titanic

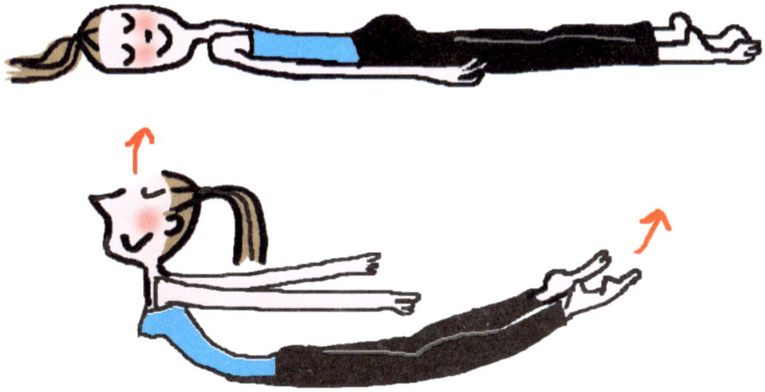

Allongez-vous sur le ventre, de préférence sur un tapis, complètement allongée et détendue.

Puis levez le buste, la tête, les bras, ainsi que vos jambes. Celles-ci doivent rester parfaitement tendues. Pour y parvenir, vous allez solliciter les fessiers. Faites une pause, puis répétez le mouvement.

! Pensez à bien ouvrir les bras sur les côtés pour vous aider à réussir le mouvement, qui doit ressembler à celui de Kate Winslet à la proue du *Titanic*. Bon, d'accord, l'océan en face de vous, c'est plutôt Mondial Moquette à perte de vue, et point de DiCaprio à l'horizon. Mais tenez bon ! La fesse brésilienne est au rendez-vous !

Si je le fais régulièrement, je gagne :

Vous allez avoir un dos en béton armé et des fesses aussi toniques qu'un chippendale.

Trop forte ! (et les autres, même pas cap')

Prenez votre corde à sauter, et positionnez-vous sur une jambe, l'autre pied suffisamment levé avec la jambe repliée à 90 degrés : alternez un saut sur le pied droit et un saut sur le pied gauche.

Faites une série de 25 et rajoutez 5 sauts à chaque fois que vous réaliserez les exercices de cette semaine. Non seulement vous vous musclez les gambettes, mais vous éradiquez par la même occasion les poignées d'amour, car, en sollicitant votre équilibre, les muscles de votre dos et vos abdos travaillent.

Respirez, soufflez !

Entre chaque série de sauts, expirez en tentant de poser les mains par terre devant vous, jambes tendues, puis inspirez en remontant. Vous pouvez écarter les jambes pour vous adapter à votre souplesse, l'essentiel étant d'oxygéner et de détendre l'ensemble du corps.

Trucs de paresseuses

Si vous voulez faire un tout en un, répétez le même enchaînement plusieurs fois en plaçant tout d'abord les bras le long du corps, puis en les écartant dans les séries suivantes : vos bras et vos épaules vont travailler plus encore.

Pour les plus courageuses

Trop facile ? Essayez avec des chevillières lestées. Après, vous aurez l'impression de vous envoler. Vous avez la flemme d'en acheter ? Changez de sol : commencez par sauter sur le parquet du salon, puis, une fois que vous serez fâchée avec vos voisins du dessous, essayez sur la pelouse du square (avec des couettes et un t-shirt Hello Kitty vous passerez inaperçue) puis testez le sable... plus le sol est mou, plus c'est dur !

J'EMPORTE MA BROSSE À DENTS AU BUREAU

➔ Juste après le repas, pensez à vous brosser les dents, vous serez moins tentée de grignoter, pour deux raisons : tout d'abord, la sensation de propreté dans la bouche apaise l'envie de sucré, et surtout, le goût du dentifrice se marie très mal avec les aliments...

jour 16

SEMAINE 3

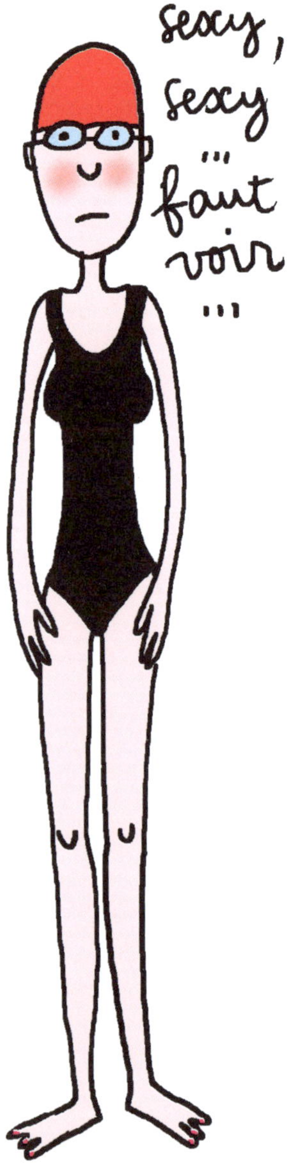

L'objectif du jour est identique à celui de la journée précédente : concentrez-vous sur votre équilibre, sur le fait que votre dos ne doit pas s'avachir. Vous devez rester droite comme un i. Les conseils de grand-maman avaient du bon : quand on se tient bien droite, on sollicite bien plus ses muscles que lorsqu'on dévore un paquet de chips, avachie devant la télé... Faites votre exercice comme si c'était une salutation à la reine d'Angleterre.

Pas le temps, la flemme, pas envie de bouger ?

Inscrivez-vous à la danse africaine ou visionnez le clip de *Saga Africa* pour reproduire la chorégraphie : le mouvement est excellent pour le fessier.

Un corps de rêve sans régime

• Un p'tit tour à la piscine ? Laure Manaudou brûle près de 400 calories à l'heure, et elle réussit même à être sexy avec un maillot Arena qui scie les dessous de bras, c'est dire.

L'EXO DU JOUR

Fesse gauche ou fesse droite ?

- Debout, jambes très raides, tendez une jambe sur le côté et passez tout le poids de votre corps sur l'autre.
- Plongez en grand plié, du côté de la jambe que vous avez tendue.
- Repassez dans la position initiale, mais en prenant appui sur l'autre jambe.
- Plongez de l'autre côté.

! *Plus votre plié est grand, plus vos deux fesses sont sollicitées, surtout si vous gardez le dos bien droit pendant toute la durée de l'enchaînement. Répétez le passage d'une fesse à l'autre 20 fois.*

Si je le fais régulièrement, je gagne :

Vos fesses se regalbent dans le prolongement des cuisses.

Quiz calories

Répondez par vrai ou faux.

1 Un whisky coca, c'est moins calorique qu'un whisky.
Vrai ☐ Faux ☐

2 Les carottes crues sont moins caloriques que les carottes cuites.
Vrai ☐ Faux ☐

3 Il vaut mieux manger une assiette de pâtes avec de la sauce tomate et un peu d'huile d'olive que deux barres de Mars®.
Vrai ☐ Faux ☐

4 Un cassoulet maison, c'est moins calorique qu'une pizza du commerce.
Vrai ☐ Faux ☐

RÉPONSES **1.** *Vrai. Un whisky coca, c'est 260 kcal le verre de 15 cl ; un whisky, c'est environ 200 kcal pour seulement 8 cl.* **2.** *Faux. C'est quasi identique. Mais on mange deux fois plus de carottes cuites dans une portion que de carottes crues...* **3.** *Vrai. Une portion de pâtes avec une sauce tomate, c'est environ 330 kcal. Un seul Mars représente... 266 kcal !* **4.** *Vrai. Les deux plats sont caloriques, mais le cassoulet maison représente environ 900 kcal contre 1400 en moyenne dans la plupart des pizzas du commerce.*

Comme Charles Ingalls, mais à l'horizontale

Charles Ingalls n'était pas fou, il sciait son bois à l'endroit.
Mais comme vous avez un petit grain de folie en vous, vous allez défier les lois de la nature et scier votre bois allongée sur un tabouret ou sur votre Swiss Ball®.

- Placez une main sur le sol, levez la jambe du côté opposé. Tendez le tout.
- Pliez l'autre bras, que vous aurez au préalable muni d'une haltère à scratch ou d'une bouteille d'eau (non, pas d'un pot de Nutella®, on est en semaine 3 du programme, on progresse, on n'a pas racheté de Nutella®...), et tendez-le devant vous comme si vous étiez en train de scier une bûche de bois.
- Répétez 10 fois le mouvement, soufflez, puis changez de bras qui scie et de jambe qui est en l'air.

DÉJEUNER SUR LE POUCE : QUEL SANDWICH CHOISIR ?

Optez pour la simplicité et le naturel : mieux vaut un véritable sandwich jambon-beurre, avec du vrai pain, plutôt qu'une préparation composée de pain type fast-food (très gras) et d'une feuille de salade baignant dans la mayonnaise. Complétez avec une pomme.

Vous risquez d'avoir faim au cours de l'après-midi, car le pain, même celui de la boulangerie, est rarement composé de farine intégrale. Pensez à avoir dans le tiroir de votre bureau du son d'avoine à mélanger dans un yaourt ou dans un jus de fruits frais. Le son d'avoine va vous caler et vous apporter les fibres dont votre organisme a besoin.

jour 17

SEMAINE 3

En position allongée, c'est magique : on a moins de rides autour de la bouche et beaucoup moins de ventre. Pourquoi ? Parce que l'attraction terrestre joue pour nous. Une fois à la verticale, nos épaules, notre colonne et notre bidou sont attirés par le sol, mais d'une façon bien moins harmonieuse ! Et si on se redressait ? À vue d'œil, on perd déjà deux centimètres de tour de taille, uniquement en ayant l'air fier. Alors, c'est décidé, on a l'air fier.

Pas le temps, la flemme, pas envie de bouger ?

À chaque feu rouge que vous croisez sur le chemin du bureau, serrez les fesses, puis desserrez au vert. Faites de même toute la semaine. Si vous avez trois quarts d'heure de transport, c'est top !
Vous travaillez tout près de chez vous ? Faites la même chose ce soir en regardant le 20 heures, jusqu'à la météo, incluse...

Un corps de rêve sans régime

• Sachant qu'une femme ayant une activité journalière modérée (autrement dit linge-aspirateur-devoirs-cartables-ouverture de sachet Picard-boulot-ordi-gribouillis en réunion-épilation des mollets-papote au téléphone) consomme 2000 calories par jour, il est recommandé de ne pas abuser du Big Mac qui en totalise 511.

Mme Récamier

Placez-vous sur le côté, buste soutenu par un bras.

Allongée avec la nonchalance romantique de Mme Récamier (Jeanne Françoise Julie Adélaïde Bernard) sur votre canapé, ou pour les plus courageuses, sur votre moquette, placez-vous sur le côté, soutenez votre buste grâce à un bras replié, et tendez vos jambes à fond. Ne vous écrasez pas sur votre bras : Mme Récamier ne s'avachit pas, elle trône. Levez celle qui n'est pas en contact avec le canapé.

Maintenez la position le temps de prononcer, lentement, le nom complet de Mme Récamier (mais si, c'est utile, ça épatera les copines au Trivial Pursuit®). Rabaissez la jambe, puis recommencez 10 fois de chaque côté.
Si si, vous allez y arriver. On vous le dit, on vous le répète, la paresseuse a un corps de rêve, et en plus elle est intellllligente.

Si je le fais régulièrement, je gagne :

Vous y gagnez des fesses de rêve et un port de reine.

Travaux pratiques : comment recycler une copine intello

Ingrédients

- Une copine qui sait toujours tout sur tout. Son expression favorite : « Métusépasa » !

ou

- Une copine surdiplômée (Sciences Po, grandes écoles...)
- Un Trivial Pursuit®
- Votre cahier Corps de rêve.

Recette

- Invitez votre copine *Métusépasa* chez vous par un après-midi pluvieux.
- Diluez ladite copine parmi d'autres *Jesaistoutsurtout* si vous êtes très motivée, ou quelques amies qui disposent du même QI que vous.
- Proposez un Trivial Pursuit®, en modifiant un peu les règles du jeu : à chaque fois que vous ne savez pas répondre à une question, piochez au hasard un exercice de gym dans votre cahier Corps de rêve.
- Prévoyez une tenue adaptée et une bouteille d'eau...

Si je le fais régulièrement, je gagne :
Une copine trop trop fière d'elle (elle sait vraiment tout sur tout) et des abdos en béton.

Existe-t-il des coupe-faim naturels ?

Les aliments riches en fibres ont le pouvoir d'atténuer la faim car ils gonflent dans l'estomac et procurent une agréable sensation de satiété.
Les plus efficaces sont :

- **Le son d'avoine** : en plus d'apaiser la faim, il est riche en fer, et facilite le transit intestinal.
- **Le konjac** : c'est un tubercule capable d'absorber plus de 100 fois son volume en eau.
- **Le karaya** : comme le konjac, en présence d'eau, il forme un gel épais qui, en plus d'apaiser la faim, limite l'absorption des graisses et des sucres au niveau intestinal.

jour

18

SEMAINE 3

L'exercice proposé en ce jour présente un double effet Kiss Cool® : non seulement il est radicalement efficace pour remuscler nos petites fesses, mais il présente aussi l'avantage de nous assouplir le soir, pour une partie de galipettes avec qui on veut ou qui tu sais. Pensez-y en faisant l'exercice, ça devrait vous mettre en joie. Quant à lui, il ne regardera plus jamais votre tapis de gym de la même manière.

Pas le temps, la flemme, pas envie de bouger ?

Il est possible de pratiquer l'enchaînement dans une version moins body-body-sculpt-gym-tonic : levez votre popotin, et tenez la position en respirant longuement, ça marche aussi.

Dans les années 80, Jane s'est mise au yoga... alors, pourquoi pas vous ? Vous le valez bien...

Un corps de rêve sans régime

• Si vous êtes du style à dire : « La vue d'une feuille de salade me fait grossir », reportez-vous aux annexes de ce cahier et notez ce que vous consommez au quotidien. On se souvient plus souvent du cassoulet que des poignées de cacahuètes qu'on a subtilisées discrètement sur le comptoir du bar avant le repas. Pourtant, 100 gr de cacahuètes, c'est 576 calories et 100 grammes de cassoulet, 610... En évitant les grignotages, on allège considérablement la facture calorique.

« Pont, passe, passera... »

C'est un basique. Cet exercice est au popotin ce que les Louboutin® sont aux escarpins : incontournable.

- On s'allonge sur un tapis en repliant les jambes.
- On lève le fessier sans déplacer les pieds, jusqu'à ce que les cuisses se retrouvent dans le prolongement du dos.

! *On fait des séries de 10, 20, 30...*

Si je le fais régulièrement, je gagne :

Non seulement on y gagne un fessier regalbé, mais on se muscle aussi le bas du dos. En justaucorps Lycra® brillant, Jane Fonda vantait déjà les mérites de cet exercice dans les années 70.

TEST : *Savez-vous dire non ?*

Alléger ses repas, foncer à la gym, c'est facile à dire. Mais les autres ne nous facilitent pas la tâche. Savez-vous leur résister ?

LE PROBLÈME Votre belle-mère insiste pour que vous repreniez une part de tarte. Refuser, ce serait créer un incident diplomatique.
LA SOLUTION Au moment du dessert, pensez à être extrêmement bavarde. Racontez l'anecdote du siècle, tout en complimentant la cuisinière. Vous allez déguster votre dessert extrêmement lentement. Tellement lentement que ça laissera aux autres le temps de se resservir, tandis que vous, vous n'aurez pas encore terminé la première part.

MA BONNE RÉSOLUTION ....

....

LE PROBLÈME Il est 18 heures, et votre collègue entre dans votre bureau pour vous soumettre un dossier urgent et important. Vous deviez filer plus tôt ce soir pour aller faire du sport.
LA SOLUTION Prenez sa demande en considération en introduisant votre réponse par une petite phrase du type « j'ai bien noté que... » « si j'ai bien compris ». Ça va calmer son impatience.
Puis justifiez votre refus en lui expliquant que vous avez un rendez-vous médical important.
Proposez ensuite une heure précise pour le rendu de ce travail (par exemple : je te propose de revenir vers toi demain vers 15 heures).
Le fait de donner une heure précise aura le don d'apaiser l'angoisse de votre interlocuteur.

MA BONNE RÉSOLUTION ....

....

LE PROBLÈME À l'heure de l'apéro chez des amis, difficile de refuser qu'on me remplisse mon verre. Si en plus je refuse les assiettes de cacahuètes qui circulent, je vais me faire repérer... et les remarques vont fuser : « Quoi ? Tu fais attention à ta ligne ? Mais tu n'en as pas besoin ! »
LA SOLUTION Prenez un verre de champagne et une tomate cerise dans vos deux mains. Puis discutez tranquillement. Surtout ne videz pas le verre et ne mangez pas la tomate cerise, on serait tenté de vous resservir. Sifflez le tout en fin d'apéro !

MA BONNE RÉSOLUTION ....

....

LE PROBLÈME Mon homme déteste quand je chipote dans mon assiette, mais il adore quand je rentre dans du 34.
LA SOLUTION Changer d'homme, ou bien lui montrer que vous savourez réellement ce que vous mangez : « C'est tellement dé-li-cieux ! J'adoore ! Je me régale ! » Ne remplissez pas trop votre assiette et mangez avec une infinie lenteur. Homme aura l'impression que vous engloutissez plus que lui, puisque vous n'avez toujours pas terminé alors qu'il attend déjà son dessert !

MA BONNE RÉSOLUTION ....

....

JE VEUX DU NUTELLA® !

Une envie de sucré irrépressible ?

➔ Déposez sur un mouchoir 3 gouttes d'huile essentielle de vanille, et respirez. On a aussitôt une sensation d'apaisement des papilles.

➔ Puis préparez-vous une tisane avec un mélange composé de 40 grammes de feuilles d'olivier, 20 grammes de racine de bardane, 40 grammes de feuilles de myrtille et 40 grammes de fleurs d'hibiscus. Vous pouvez demander à votre pharmacien de vous composer ce mélange. Ensuite, réalisez votre tisane avec une cuillerée à soupe de ce mélange pour 20 cl d'eau.

jour 19

SEMAINE 3

Non, nous n'allons pas vous vanter les mérites de l'enchaînement du jour à quatre pattes pour votre sport en chambre… enfin, il ne s'agit pas du Kama-sutra des paresseuses, mais d'un ouvrage ultra-sérieux sur votre corps de rêve. En revanche, la plupart de celles qui ont testé cet exercice à proximité du canapé ou de la commode ont une conversation avec leur femme de ménage dans les 48 heures qui suivent cet enchaînement : pendant qu'on le réalise, c'est fou comme on constate à quel point l'aspirateur contourne les obstacles majeurs.

Pas le temps, la flemme, pas envie de bouger ?

Reprenez le même enchaînement, mais levez la jambe en douceur dans l'axe du dos, et tenez la position 10 secondes. Soufflez, et passez à l'autre jambe.

Un corps de rêve sans régime

• Le saviez-vous ? Le pain blanc est plus calorique que le pain complet : 275 calories contre 263 pour 100 grammes. Et, en plus, parce qu'il est dépourvu de fibres, il cale beaucoup moins : au bout d'une heure, vous avez à nouveau faim, tandis qu'avec le pain complet, vous êtes calée pour la matinée.

Popotin de rêve

Ne laissez pas aller votre dos, celui-ci doit être parfaitement plat.

- On se positionne à quatre pattes.
- En évitant de cambrer le dos, on lève la jambe dans le prolongement du dos. Puis on la repose. On répète l'enchaînement 10 fois sur chaque jambe.

Si je le fais régulièrement, je gagne :

Dans ce petit exercice, tout travaille : le dos, les abdos, les fessiers et la cuisse. Si on ne devait en garder qu'un seul du programme de cette semaine, ce serait celui-ci !

Le cheval sans la culotte !

- Munie de votre corde à sauter, faites votre jogging sur place dans l'appartement : vous courez en faisant passer la corde à chaque pas. La coordination n'étant pas évidente au départ, vous allez tout d'abord faire de grandes enjambées, puis, comme vous n'avez pas encore investi dans un loft, vous allez spontanément raccourcir vos mouvements pour éviter les murs !

- Réalisez des séries de 25 et rajoutez 5 sauts à chaque fois que vous reprenez le programme de cette journée. Si vous rêvez d'une chute de reins à la brésilienne, ce mouvement est fait pour vous, il permet de muscler le fessier et le bas du dos à merveille !

Respirez, soufflez !

➔ Utilisez votre corde à sauter pour vous aider à ouvrir votre cage thoracique lorsque vous respirez : saisissez-la dans chaque main et passez-la dans le dos en inspirant. Gardez la corde bien tendue. Expirez en la repassant devant et en détendant la tension de vos épaules.

Trucs de paresseuses

➔ Afin d'adapter parfaitement la longueur de la corde à sauter à votre taille et ne pas vous prendre les pieds dedans, c'est tout simple : placez le milieu de la corde sous vos talons, et tendez les bras devant vous en tenant les deux extrémités de la corde : la longueur idéale correspond à celle qui va de vos talons aux aisselles. Si la corde est trop longue, faites un nœud de chaque côté derrière les poignées.

Pour les plus courageuses

➔ Pratiquez le même exercice de jogging avec la corde, mais cette fois-ci au parc à côté de chez vous et en avançant. Vous allez spontanément accentuer le mouvement des bras et gagner les fesses de Shakira et les épaules de Laure Manaudou.

➔ S'il pleut, si vous n'avez aucune envie d'aller au parc, levez les genoux en courant sur place, ça marche aussi.

Je déjeune à la brasserie du coin, je choisis quoi ?

Qu'il s'agisse de la brasserie du coin ou d'un restaurant français traditionnel le dimanche à midi, voici la stratégie à adopter pour déjeuner léger sans vous faire repérer et essuyer un commentaire :

- Préférez entrée-plat plutôt que plat-dessert.
- Choisissez une viande ou du poisson et des légumes en plat principal.
- Achevez par un café.

Avec un tel menu, à 14 heures, vous aurez faim. Donc, avant le déjeuner, ou après, prévoyez de grignoter une ou deux tranches de pain complet pour compléter votre menu. Si vous trouvez que le pain est trop sec, essayez de le manger avec une pomme, comme on le faisait autrefois : c'est plus savoureux, et on est calé pour l'après-midi.

jour
20

SEMAINE 3

Vous ne mettez jamais de vernis ? Aucun souci, cet enchaînement est fait pour vous, surtout si vous entamez ce programme avant l'été. Il permet de laisser sécher à merveille l'autobronzant que vous avez passé avec application sur vos gambettes. Et même si les fabricants stipulent tous sur l'emballage qu'on peut « s'habiller aussitôt », vous savez très bien que ce n'est pas complètement vrai, votre lingerie princesse Tom-Tom couleur perle en sait quelque chose : votre petite culotte a désormais le teint hâlé, et pas vous…

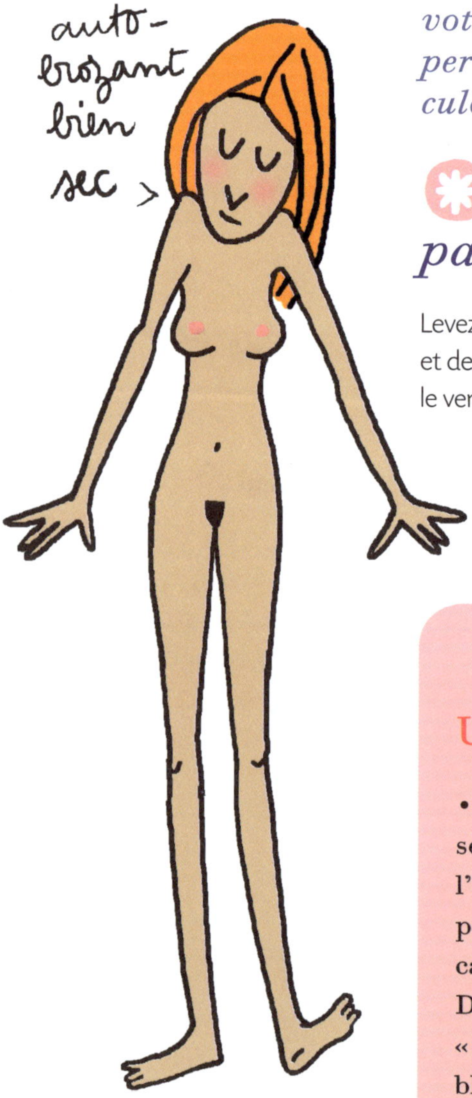

Pas le temps, la flemme, pas envie de bouger ?

Levez la jambe au-delà de l'axe du dos, maintenez la position et demandez à une copine de souffler sur vos orteils pour que le vernis sèche. Quand il est sec, passez à l'autre jambe.

+

Un corps de rêve sans régime

• Un verre, ça va… On parle toujours de l'alcool et de ses dangers, mais rarement de son apport calorique. Or, l'alcool, c'est riche. Une bière blonde, c'est 146 calories pour 33 cl ; le champagne, le vin, c'est en moyenne 80 calories pour 100 ml. Et un seul verre, c'est déjà 125 ml… Donc, levez le pied en prétextant que vous allez « être pompette », ça va vous donner un petit côté fleur bleue : la Caroline Ingalls attitude, c'est indémodable.

French manucure

Voici une façon originale et regalbante pour faire sécher votre vernis des pieds.

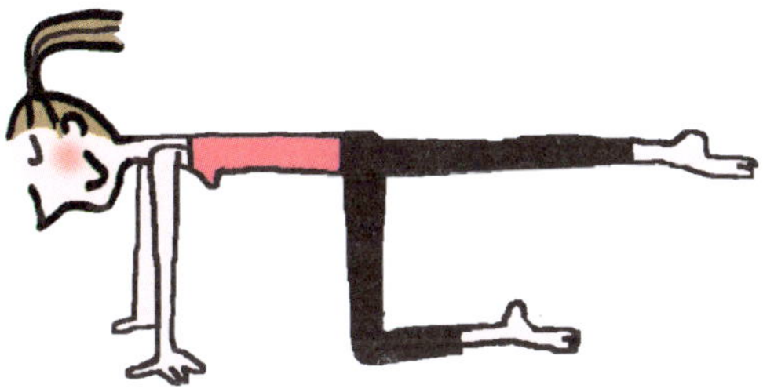

- Positionnez-vous à quatre pattes.
- Levez une jambe bien droite dans l'axe du dos.
- Puis dépassez l'axe du dos (sans cambrer ni laisser aller les abdos) et revenez dans l'axe assez rapidement pour que votre vernis sèche. Répétez 5 à 6 fois sur la même jambe, puis changez de papatte.

Si je le fais régulièrement, je gagne :

Plus votre jambe est tendue, bien raide, plus le mouvement sera rapide, plus vos fesses se muscleront en synchro avec votre ventre.

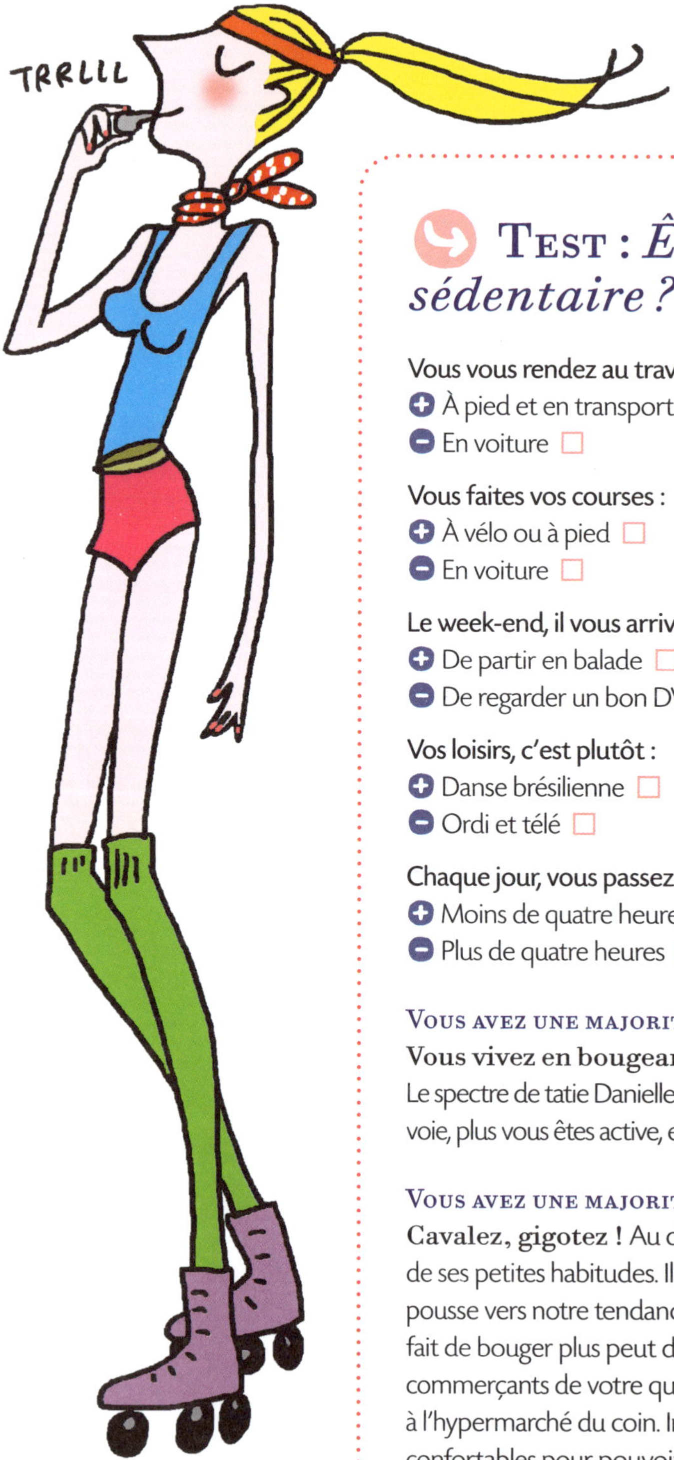

TEST : *Êtes-vous sédentaire ?*

Vous vous rendez au travail :
- ⊕ À pied et en transport en commun ☐
- ⊖ En voiture ☐

Vous faites vos courses :
- ⊕ À vélo ou à pied ☐
- ⊖ En voiture ☐

Le week-end, il vous arrive souvent :
- ⊕ De partir en balade ☐
- ⊖ De regarder un bon DVD ☐

Vos loisirs, c'est plutôt :
- ⊕ Danse brésilienne ☐
- ⊖ Ordi et télé ☐

Chaque jour, vous passez en moyenne :
- ⊕ Moins de quatre heures devant un écran ☐
- ⊖ Plus de quatre heures ☐

VOUS AVEZ UNE MAJORITÉ DE ⊕

Vous vivez en bougeant, et vous bougez en vivant ! Le spectre de tatie Danielle est encore bien loin ! Continuez dans cette voie, plus vous êtes active, et plus votre corps reste svelte et jeune !

VOUS AVEZ UNE MAJORITÉ DE ⊖

Cavalez, gigotez ! Au début, c'est un peu difficile de s'extraire de ses petites habitudes. Il faut dire que le monde moderne nous pousse vers notre tendance naturelle : la flemme... Pourtant, le fait de bouger plus peut devenir un réel plaisir : redécouvrez les commerçants de votre quartier plutôt que de foncer à toute allure à l'hypermarché du coin. Investissez dans une paire de chaussures confortables pour pouvoir marcher plus longtemps, déchaussez-vous au bureau pour frimer ensuite en talons hauts !

J'aime... la crème !

Vous auriez du mal à vous passer de crème dans votre cuisine ? Bonne nouvelle ! la crème n'est pas si grasse qu'elle en a l'air ! Elle ne contient que 30 % de matière grasse, tandis que le beurre en cache plus de 80 % ! Inutile, donc, de se priver d'une cuillerée à soupe de crème avec ses pommes de terre (bouillies, pas sautées...). Et, pour celles qui ont résolument décidé d'entamer un régime plus strict, testez le yaourt à la place de la crème. La recette : un yaourt, un peu de cumin en poudre, de la ciboulette et du sel. Cette « crème » est idéale pour assaisonner les concombres, les pommes de terre, les carottes...

jour
21

SEMAINE 3

On récapépète…

Chouette ! On récapépète ! C'est aussi l'occasion de s'offrir un jean avec une taille de moins. On ne rentre pas encore complètement dedans ? Courage ! Il reste encore une semaine de programme, et, en veillant aussi à ne pas grignoter entre les repas, le bouton du haut devrait fermer sans problème.

Titanic

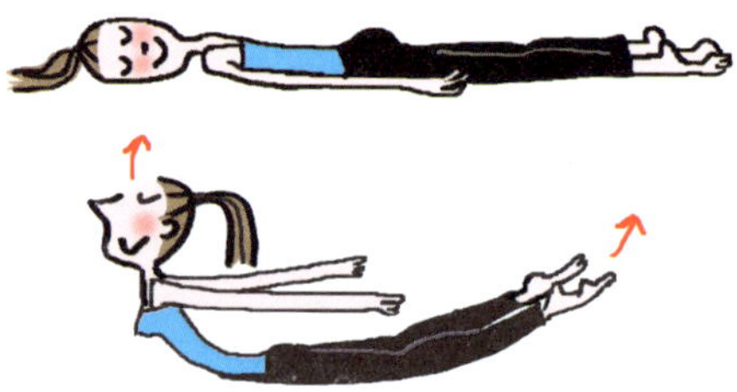

Fesse gauche ou fesse droite ?

Mme Récamier

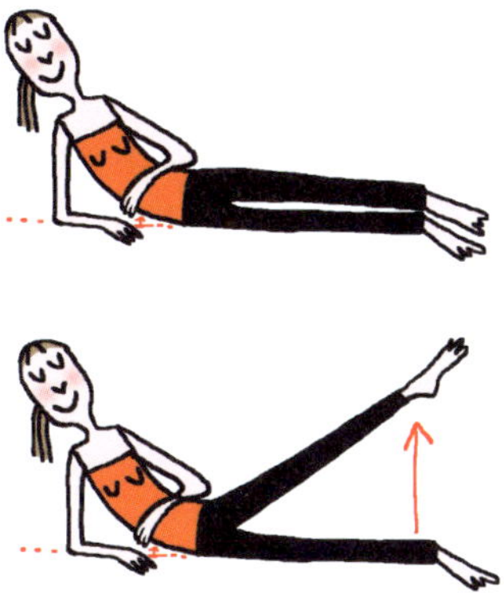

Pont, passe, passera

Popotin de rêve

French manucure

Mon bilan de la semaine

- J'ai testé tous les exercices.

Oui ☐ Non ☐

- J'ai effectué au moins une fois l'ensemble des enchaînements.

Oui ☐ Non ☐

- J'ai même fait quelques exercices en plus.

Oui ☐ Non ☐

- J'ai décidé de mettre en application au moins un des conseils diététiques.

Oui ☐ Non ☐

J'ai perdu . . . grammes, . . . cm en tour de taille et . . . cm en tour de cuisse par rapport à ce que j'avais noté en début de programme.

Vous avez une majorité de Oui

Bravo ! Continuez sur votre lancée et surtout ne vous découragez pas si, malgré vos efforts, votre tour de taille et de cuisses n'a pas bougé par rapport à la semaine précédente. Il se peut que votre organisme s'accorde un « palier ». Dites-vous qu'en matière de sport, le temps et la régularité finissent toujours par payer.

Vous avez une majorité de Non

Pas de panique ! Vous avez bien le droit de souffler ! Reprenez cette semaine à son premier jour, et allez-y à votre rythme. L'essentiel est d'avancer : faites le point sur ce qui vous a empêché de mener à bien votre programme.

Si...

Je n'ai pas eu le temps.

Ma solution : définir un moment précis au cours de mes journées.

Les exercices étaient trop difficiles.

Ma solution : reprendre ceux de la semaine 1.

Je vide mes placards !

Allez hop ! On sort tout ! On fait le tri et on jette :

- Tout ce qui est périmé.
- Tout ce qui est ouvert depuis plus d'une semaine et qui de toute façon ne sera pas consommé (P'tits Lus tout mous, morceaux de cakes en fond de paquet...).
- Tout ce qui affiche du sucre ou des additifs dans la liste des ingrédients : condiments, cubes bouillon de poule sans poule, préparation « pour couscous » avec plus de glutamate que d'épices.
- Tout ce qui nous tente beaucoup trop : pot de Nutella®, tube de lait concentré sucré, mini barres chocolatées...

Une fois que les placards sont vides, on prend deux bonnes résolutions :

- Acheter pour les enfants des biscuits qu'on n'adore pas, ça nous évitera de nous jeter sur le paquet avant qu'ils ne rentrent de l'école.
- Acheter moins, mais de meilleure qualité, ça évitera aux sucres, sels et autres graisses de s'inviter dans nos assiettes sans qu'on les ai invités.

jour
22

SEMAINE 4

Pas le temps, la flemme, pas envie de bouger ?

Sous l'abribus, dans la file d'attente du supermarché, on lève le menton, on enroule les épaules, on fait comme si on n'avait pas mis de push-up et on passe au 95B en un clin d'œil. Désormais, on ne fait plus la queue avec un air abattu : la caisse est bloquée ? Chouette ! C'est le moment de faire du sport !

Objectif de la semaine

Des jambes et des bras fuselés

L'ensemble des exercices de la SEMAINE 4 *peuvent être repris en 15 minutes deux ou trois fois par semaine.* Notons que l'ensemble des exercices proposés dans les semaines précédentes musclent aussi les jambes en finesse, tout en faisant travailler le fessier et la ceinture abdominale. Pour enchaîner les mouvements, voir page 116, à la fin de cette semaine.

Un corps de rêve sans régime

• Cultivez la paresse en dehors des moments où vous faites du sport, dormez beaucoup, reposez-vous. C'est le plus souvent lorsqu'on a sommeil et qu'on est surmenée que les fringales surviennent. Alors, le week-end, ne surchargez pas votre agenda. Laissez-vous des plages de temps au cours desquelles vous pourrez souffler.

Sous l'abribus

Spontanément, le corps a tendance à s'avachir sous l'effet de l'attraction terrestre et du manque d'exercice : les épaules se voûtent vers l'avant, les fesses partent en arrière et le ventre en avant.

- Placez-vous de profil devant un miroir en pied, ôtez votre pull XXL et votre jean boyfriend, et relâchez votre corps.
- Puis levez le menton, enroulez les épaules vers l'arrière comme si vous vouliez pincer un crayon entre vos omoplates. Rentrez les fesses en basculant le bassin vers l'avant, ce qui vous forcera aussitôt à rentrer le ventre.
- Enroulez, déroulez. Pratiquez l'enchaînement une vingtaine de fois.

Si je le fais régulièrement, je gagne :

Après avoir pratiqué régulièrement cet exercice, les épaules se placent d'elles-mêmes et votre dos reste droit. Vous gagnez 2 cm, même en ballerines.

Le rameur sans les rames

- Asseyez-vous sur un tapis avec le dos bien droit, et passez l'élastique sous l'un de vos pieds en position flex.
- Adaptez l'élastique de façon à ce que la tension soit suffisante lorsque vous allez tendre la jambe (sinon c'est trop facile !).
- Allongez votre jambe en tirant également sur les bras comme si vous étiez sur un rameur. Votre dos reste bien droit, vos cuisses vont travailler ainsi que vos abdos et vos bras.
- Gardez la jambe qui est au repos bien au sol et bien tendue.
- Répétez 20 fois, puis changez de jambe.

! *Un allié de choc : la vigne rouge*

La vigne rouge est depuis longtemps reconnue pour ses vertus bienfaisantes sur la circulation sanguine et le traitement des jambes lourdes. Pour une fois, médecins et naturopathes sont d'accord, la vigne rouge a fait ses preuves pour lutter contre les problèmes de jambes lourdes. Vous pouvez très facilement vous en procurer dans les magasins bio, mais également en pharmacie. L'extrait sec en gélules est extrêmement facile à utiliser au quotidien.

jour 23

SEMAINE 4

Vous voilà encore le nez sur le tapis du salon, et ça fait déjà presque un mois que vous rappelez à votre femme de ménage qu'un aspirateur ne va pas sous les meubles tout seul, à part celui de la pub… Cachez cet ouvrage au fond de votre bibliothèque, il se pourrait qu'elle le fasse disparaître en devinant d'où vous vient cette passion soudaine pour le dessous des meubles.

Pas le temps, la flemme, pas envie de bouger ?

Allongez-vous sur le ventre avec un élastique ou un manche à balai dans les mains. Puis redressez le buste en essayant de faire passer l'élastique derrière votre tête. Répétez 10 fois (voir ci-contre pour la variante flemme).

Pour les plus flemmardes, il est possible de réaliser le même enchaînement debout. Les épaules travaillent aussi, mais les cuisses et le ventre sont au repos.

Un corps de rêve sans régime

• Évitez les plats industriels. Ils regorgent de sucres et de graisse. Essayez de consommer uniquement ce qui a poussé dans la terre ou qui provient d'un animal : un yaourt nature est fabriqué exclusivement avec des ingrédients provenant du pis de la vache, une tranche de pain complet est faite de blé ayant poussé dans un champs… En revanche, si vous rencontrez des fraises Tagada® dans un sous-bois, des chips « goût barbecue » dans un champ et du Yop® « parfum vanilline » sous le pis d'une montbéliarde, écrivez-moi !

La balancelle

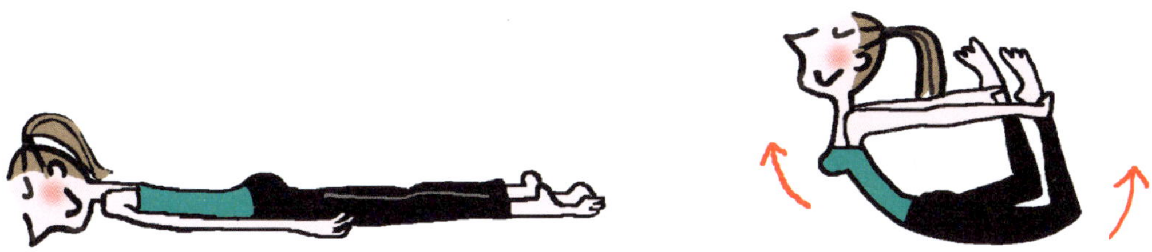

Allongez-vous sur le ventre et attrapez vos pieds avec vos mains.

Puis redressez-vous autant que vous le pouvez en attrapant vos chevilles.

Restez dans la position 10 secondes, soufflez, puis recommencez 4 fois.

Si vous êtes souple, il est possible de s'amuser à se balancer d'avant en arrière, ce qui sollicite un peu plus les bras et le dos.

Si je le fais régulièrement, je gagne :

Cet enchaînement permet d'allonger les muscles des cuisses tout en les regalbant, et pour les bras, il équivaut à un bon crawl en piscine.

Variante flemme

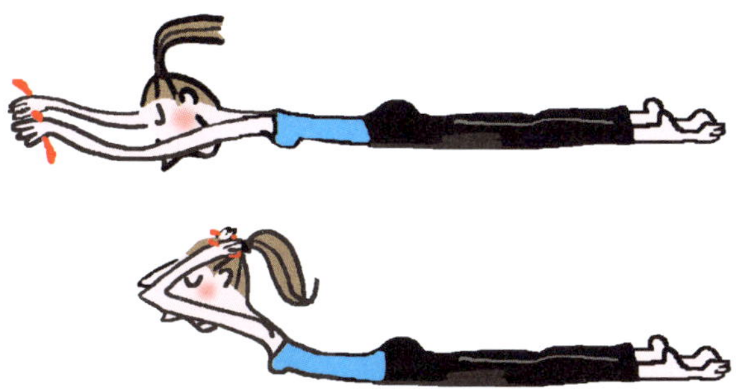

Les jambes de Naomi

- Empoignez votre corde à sauter et, jambes serrées, dos droit, sautez à la corde de la façon la plus classique, mais en vous positionnant sur la pointe des pieds. Vos petons doivent à peine quitter le sol lorsque la corde passe, et vous vous réceptionnez sur la pointe des pieds.
- Réalisez une série de 25, augmentez de 5 sauts à chaque fois que vous recommencez le programme de cette journée. La corde à sauter galbe la jambe. Plus vous vous réceptionnez sur la pointe des pieds plutôt que sur le talon, plus vous épargnez votre dos et plus vous affinez vos muscles.

Respirez, soufflez !

→ Pendant les sauts, on a souvent tendance à démarrer à fond, puis à s'effondrer au bout de dix secondes parce qu'on a oublié de respirer. Privilégiez la régularité à la vitesse. Essayez d'inspirer puis d'expirer tous les deux saut (durée d'une inspiration : deux sauts ; durée d'une expiration : deux sauts).

Trucs de paresseuses

→ La musicalité de la corde à sauter, c'est : clac, poum. Clac, la corde à sauter frappe le sol pendant que vous vous trouvez en l'air ; poum, elle est en l'air pendant que vous vous réceptionnez.

→ La corde à sauter est absolument idéale pour se débarrasser l'air de rien du lustre que belle-maman vous avait offert à votre mariage... clac, poum... ooooh ! Je suis dé-so-lée ! Tu y tenais tellement... !

Pour les plus courageuses

→ Répétez le même exercice sur la pointe des pieds, mais cette fois en fléchissant légèrement les genoux. En plus de la jambe, vous gagnez en prime les fesses de Naomi...

→ Et pour le ventre de Madonna ? Montez les genoux vers vous à chaque saut. Veillez à vous réceptionner avec la douceur d'une gazelle et la fluidité du gnou.

! *Je ne suis ni une vache ni un lapin*

En matière de diététique, la quantité tue souvent la qualité : c'est certain, la salade (sans la sauce) et le haricot vert (sans le jus du rôti) n'ont jamais fait grossir personne. Partant de ce principe, d'éminents cerveaux ont proposé des régimes à base de viande grillée et de salade verte. Seulement voilà, je ne suis ni une vache ni un tigre : mon corps n'avait pas prévu de manger uniquement de l'herbe ou, pire encore, uniquement de la viande... Le lapin se régale avec sa luzerne, mais moi, j'en pleure tellement c'est triste... Et si on cessait seulement de grignoter entre les repas et qu'on mangeait (sans se resservir) plus normalement à table ? Une portion de viande, une portion de légumes et deux de céréales complètes. À la cantine, détaillez les plateaux des filles qui passent et vous serez surprise : les minces mangent, les plus rondes chipotent dans leur assiette ou la remplissent de verdure. L'histoire ne dit pas ce qu'elles mangent entre les repas.

jour 24

SEMAINE 4

Toutes les dames à la poitrine moulée dans un soutien-gorge pointu des années cinquante vous le diront : une douchette fraîchette sur le mamelon, associée à un exercice push-up, et votre poitrine retrouve une nouvelle galbitude. C'est facile, c'est gratuit, il suffit d'y penser chaque matin. Associez ce geste beauté à une habitude quotidienne : vous appelez votre copine Stéphanie à chaque fois que vous êtes dans les bouchons ? Optez pour le kit mains libres, et faites votre exercice tout en papotant.

Pas le temps, la flemme, pas envie de bouger ?

Vous pouvez pratiquer le même exercice dans votre salle de bain à chaque fois que vous enfilez votre soutif, ou, si vous manquez de temps, dans votre voiture, dès qu'il y a un feu rouge : joignez les mains, et poussez à fond 5 longues fois jusqu'au vert.

Un corps de rêve sans régime

• En supprimant une toute petite habitude, on peut s'alléger l'air de rien : si j'enlève un verre de soda par jour, c'est 7 morceaux de sucre que je ne consomme plus, soit 140 calories par jour. En 15 jours, c'est comme si j'avais jeûné pendant une journée, puisque j'aurai économisé 2100 calories, ce qui correspond à la ration journalière d'une femme d'activité moyenne. Si vous n'avez pas compris, soumettez le problème à votre petit dernier qui est en CE2.

Push-up

- Placez-vous bien droite, pieds joints et mains jointes, avec les coudes relevés à l'horizontale, comme une danseuse indienne.
- Cherchez votre équilibre, et montez sur la demi-pointe en serrant les fesses et en poussant vos mains à fond l'une contre l'autre. Vous devez sentir que le muscle de la poitrine se soulève.
- Restez 5 secondes dans la position, soufflez en redescendant de la demi-pointe, puis recommencez 10 fois.

Si je le fais régulièrement, je gagne :

Vous y gagnez une poitrine de rêve et des bras musclés, des fesses en béton et des jambes fuselées grâce à la recherche d'équilibre.

QUIZ : *Vous vous y connaissez en oméga 3/6/9 ?*

Répondez par vrai ou faux.

1. Les oméga se trouvent dans les huiles vierges végétales.
Vrai ☐ Faux ☐

2. Les graisses saturées, ce sont des oméga.
Vrai ☐ Faux ☐

3. Les oméga 3 contribuent à faire baisser notre taux de cholestérol et donc nous aident à garder la ligne.
Vrai ☐ Faux ☐

4. Il n'y a que les oméga 3 qui sont bons pour notre organisme.
Vrai ☐ Faux ☐

RÉPONSES **1.** *Vrai, mais pas seulement : on trouve aussi des oméga dans les huiles de poisson notamment de saumon et de maquereau…* **2.** *Faux ! Les graisses saturées sont celles qui contribuent à faire monter notre taux de cholestérol et les kilos qui vont avec : graisses cuites des viandes et graisses cuites végétales.* **3.** *Vrai.* **4.** *Faux. C'est l'équilibre entre les oméga 3/6/9 qui est bon pour nous. On les trouve dans les différentes huiles vierges pressées à froid : huile d'olive, de noix, de noisette, de sésame… Malheureusement, notre alimentation est pratiquement dépourvue d'oméga 3, c'est pourquoi il est bon de veiller à ce que ceux-ci réapparaissent dans notre alimentation.*

Roulez-vous dans l'herbe… ou sur votre moquette…

Voici un massage naturel extrêmement facile à réaliser. Allongez-vous sur le sol, face contre terre, bras tendus devant vous et pointe des pieds posé sur le sol (les tendons de l'arrière du pied doivent être en tension). Puis retrouvez l'élan de vos quatre ans. Prévoyez suffisamment d'espace autour de vous (poussez la table basse du salon !) et laissez votre corps rouler comme si vous étiez en train de dévaler un champ au printemps. Une roulade dans un sens, une roulade dans l'autre : la circulation du sang dans votre organisme est relancée, toutes les parties de votre corps (et notamment les fesses, le ventre et les cuisses) sont massées.

Misez sur les oméga 3 !

Les oméga 3 ont la capacité de favoriser l'élimination des mauvaises graisses dans l'organisme. Ils contribuent donc à nous façonner une silhouette de rêve ! Ils sont recommandés notamment pour faire baisser le taux de cholestérol dans le sang. Ils sont également bénéfiques pour la circulation sanguine en général : pour en consommer suffisamment, n'oubliez pas d'inviter à votre table des huiles vierges variées (et notamment l'huile de colza). Privilégiez aussi la consommation de poisson (saumon, maquereaux, sardines) à celle de la viande.

jour 25

SEMAINE 4

Au bureau, lorsque vous êtes au téléphone sur le fixe et que vous vous balancez nonchalamment sur votre fauteuil tout en réfléchissant avec un crayon dans la main, il est tout à fait possible de faire travailler vos bras et vos poignets avec l'air le plus décontracté du monde. Et si en plus vous troquez l'habitude de faire « tic « tic » avec la pointe de votre stylo contre celle de vous muscler discrètement les bras, vos collègues en open space n'y verront aucun inconvénient.

Pas le temps, la flemme, pas envie de bouger ?

Faites une série de moulinets avec les poignets, bras bien tendus, mais sans plier les jambes .

Un corps de rêve sans régime

• Vous voulez perdre un 1 kg ? Saviez-vous qu'un kilo de graisse à perdre correspond à 9000 calories ?
Il est donc totalement aberrant de chercher à les perdre en une semaine !
Mieux vaut enlever 200 calories par jour pendant un mois et demi en modifiant légèrement vos menus : quelques morceaux de sucre, un croissant, un verre de soda, une bière... ce sont ces petites habitudes du quotidien qui font les grandes rivières.

India

Vous êtes une danseuse indienne à Bollywood.

- Écartez les jambes et ouvrez les pieds en canard, bras parallèles au sol.
- Puis pliez vos jambes autant que vous le pouvez et relevez les mains en gardant les bras bien tendus.
- Restez dans la position le temps de faire cinq moulinés avec vos poignets, en gardant les bras tendus à fond.
- Remontez dans la position initiale, et recommencez 10 fois.

Si je le fais régulièrement, je gagne :

Le fait de relever les poignets et de les faire tourner sur un bras tendu paraît simple, mais vous allez très vite vous apercevoir que l'ensemble dos-bras travaille à fond, d'autant plus qu'avec les jambes pliées, vous êtes obligée de garder votre dos droit.

Une petite cure détox ? Cure de printemps, cure d'hiver

Vous avez décidé d'alléger vos repas, et ça se sent sur la balance : votre organisme est en train d'éliminer. Or, lorsqu'on élimine, il est important d'apporter au corps des aliments extrêmement minéralisants, car si ce n'est pas le cas, on risque de subir de vrais coups de pompe, qui vont nous donner envie de foncer sur la tablette de chocolat.

➔ Si vous amorcez votre régime au printemps, misez sur le pissenlit en salade : à la fois dépuratif et minéralisant, le pissenlit est un allié détox idéal. Consommez-le avec un filet d'huile d'olive citronnée, il est assez facile à transporter, vous pouvez l'emmener avec vous au bureau dans un Tupperware® et le consommer avec en guise de salade dans votre sandwich.

➔ À l'automne, faites une cure de raisin bio : chasselas frais ou muscat.

QUAND J'AI LE CAFARD, JE MANGE…

Une petite contrariété, et hop ! vos bonnes résolutions se noient au fond du pot de Nutella®… Essayez Griffonia en gélules : cette plante présente des propriétés apaisantes (elle favorise un bon sommeil) et permettrait aussi de stabiliser l'humeur et l'appétit. Pour son utilisation, demandez conseil à votre médecin, surtout si vous suivez un traitement médical.

Misez sur la chronobiologie

Selon l'adage aussi antique que les régimes, prenez un petit déjeuner de roi, un déjeuner de prince et un dîner de pauvre.
Vous n'avez pas faim le matin ? Avant tout, tentez de changer votre rythme : si vous avez mangé extrêmement léger au dîner, il y a de fortes chances pour que vous ayez beaucoup plus faim le lendemain matin.

Autre astuce : emportez avec vous au bureau un petit déjeuner équilibré (pain complet tranché, une compote) et petit déjeunez à 10 heures avec une tasse de thé.

jour 26

SEMAINE 4

Aujourd'hui, objectif pantin de bois.
Ce qui est extra avec cet exercice, c'est que, lorsqu'on le pratique avec les sabots de bois compensés qu'on a achetés l'an passé parce que c'était la mode et avec lesquels on n'arrive pas à marcher, on a vraiment l'impression de justifier notre achat avant de les mettre en vente sur Ebay avec la mention « portés deux fois »...

Pas le temps, la flemme, pas envie de bouger ?

Faites vos vitres. Ça muscle les bras et vous fuselez vos jambes en montant et descendant de l'escabeau.

UN CORPS DE RÊVE SANS RÉGIME

• Rajoutez des fibres dans votre alimentation ! Vous allez ressentir une agréable sensation de satiété. Consommez du riz complet, du pain complet, des pâtes complètes. Et si vous déjeunez à la cantine, pensez à glisser dans votre tiroir un paquet de son d'avoine, que vous pouvez consommer dans un jus de fruits avant ou après le repas.

Le pantin

Imaginez que vous êtes un pantin de bois dont les membres sont attachés par des fils.

1. Bras parallèles au sol, placez le poids de votre corps sur une seule jambe, bien tendue. Serrez les fesses pour que votre dos ne parte pas en chewing-gum.
2. Penchez-vous en gardant le dos bien droit du côté de la jambe qui ne vous soutient pas, bras toujours raides.
3. Puis levez la jambe en vous redressant, comme si votre bras et votre jambe étaient soutenus par des fils : bras et jambes se lèvent alors d'un bloc.
4. Répétez 10 fois, puis changez de jambe. Pour vérifier que vous levez la jambe en même temps que le bras, placez-vous face à une glace.

Si je le fais régulièrement, je gagne :

Dos, jambes et bras sont sollicités en même temps.
Vous avez déjà vu un pantin avec les fesses molles et le dos tout mou ? Non ? Alors c'est gagné !

Comment ne pas déprimer dans une cabine d'essayage

C'est jamais la bonne taille.

LA SOLUTION Prenez le même article dans trois tailles différentes, une au-dessus et une au-dessous de vos estimations.

MA SOLUTION ....

....

Je ne supporte pas la vendeuse qui me crie derrière le rideau : « Ça allait cette robe ? » alors que j'ai même pas encore trouvé un endroit où poser mon Darel.

LA SOLUTION Lui répondre d'office : « Pas du tout, je me rhabille. » Il y a des chances pour qu'elle vous lâche les escarpins.

MA SOLUTION ....

....

Je déteste sortir pour me regarder, mais pas facile d'être objective quand le miroir de la cabine est à 2 cm de vous...

LA SOLUTION Reculer avec le rideau... pas facile si c'est une porte. Ou avoir un petit miroir dans son sac pour pouvoir se voir plus facilement de dos.

MA SOLUTION ....

....

Tous les jeans me boudinent.

La solution Éviter de porter une culotte qui scie la fesse. Préférer un string ou un shorty. Puis se regarder dans le miroir après avoir chaussé ses Louboutin®.

Ma solution ....

....

Ça fait un mauvais bourrelet sous l'élastique du soutif quand j'en essaye un.

La solution Incriminer l'antivol, il est toujours au mauvais endroit sur les soutifs. Si le symptôme persiste, essayer le modèle avec un petit haut en Lycra® moulant par-dessus, qui peut donner un effet gainant et gommer ledit bourrelet.

Ma solution ....

....

L'épluche-légumes, c'est tendance

Lancez la mode de l'épluche-légumes dans votre sac à main. À moins que vous ne préfériez un joli couteau auvergnat, so chic dans un sac besace. Non seulement c'est original, mais c'est aussi bon pour votre ligne : les jus de fruits, les compotes, toutes les préparations « à base de fruits » qui vous promettent des portions identiques à un vrai fruit sont autant de pièges pour votre silhouette. Pourquoi ? C'est tout simple : épluchez tranquillement une pomme et dégustez-la. Faites de même avec une orange. Avez-vous faim ensuite ? Non ! Parce qu'une pomme ou une orange, c'est énoooorme ! À présent, dévissez une compote qu'on emporte partout, et gobez-la. Puis buvez un verre de jus d'orange déjà pressé. C'est curieux, vous auriez pu absorber encore trois compotes sans problème, tandis que trois pommes d'affilée, franchement, vous auriez calé...

jour

27

SEMAINE 4

Restons motivées : la mode est au « tout mou » : t-shirts dégoulinants, avec sur-t-shirts élargis par-dessus, pulls amples, on possède déjà dans notre armoire les armes magiques du planque-tout. Alors, avant l'ère du plancton (cet été sur la plage), on a encore le temps de répéter nos enchaînements et de gagner peu à peu la silhouette de nos rêves. S'il nous faut une semaine de plus, ce n'est pas la mer à boire…

Pas le temps, la flemme, pas envie de bouger ?

Après avoir balayé la cuisine, passez et repassez 10 fois votre nouveau Swiffer par-dessus votre tête, bras bien tendus.

Un corps de rêve sans régime

• Évitez les pièges du light. Faites simple, ça vous coûtera moins cher et vous ne consommerez pas plus de calories. Un yaourt light, c'est 59 calories, riche en on ne sait pas trop quoi et surtout en faux goût ; un yaourt nature, c'est 63 calories et une cuillerée à soupe de confiture 20. Ce ne sont pas 24 calories qui vont changer la fesse du monde,
et vos papilles vont se régaler.

Garde républicaine

Armez-vous d'un balai (ou de votre élastique) et imaginez que vous défilez le quatorze juillet : votre dos est droit, vos jambes parfaitement raides.

Passez le balai dans le dos en le tenant avec les bras tendus, puis lancez une jambe en avant, en conservant les deux genoux tendus à fond.

Répétez 30 fois le lancer de jambe.

Si je le fais régulièrement, je gagne :

Vous y gagnez votre premier diplôme de majorette ! Vous avez déjà vu une majorette avec le dos voûté ?

Au secours ! Dans 3 jours, je suis en maillot !

Pas de panique ! Voici 4 astuces « un corps de rêve à plage » (a sirène on ze beach).

- Oubliez les maillots avec des attaches « ficelle » : préférez les hauts qui maintiennent et les bas qui gainent.
- Évitez les fleu-fleurs. C'est très joli sur Naomi, mais sur un ventre un peu jelly, mieux vaut opter pour la sobriété : noir, chocolat, bleu marine, rouge foncé, prune...
- Investissez dans une jupette ou un paréo assorti au maillot, afin d'aller boire un verre sous la paillotte tout en beauté.
- Pour faire la papote sur votre serviette de plage, placez-vous sur les coudes. L'effet minceur est immédiat : seins tendus, ventre plat... Vous avez déjà vu un mannequin se faire photographier en train de dévorer un chouchou-beignet, assise pliée en deux, les seins vers le bas et le ventre ratatiné en 12 ? Non ? alors il y a sans doute une raison...

Je ne mange rien, et pourtant je grossis...

Sophie :
– C'est trop injuste !
Je grignote trois petits pois à midi, et j'ai encore pris trois kilos !
Martine :
– Moi pareil !

Passez un deal avec une copine de votre choix : à chaque fois que vous mangez dans la journée, envoyez-vous un mail pour lui annoncer le menu... à 10 heures, à midi, à 15 heures, à 17 heures...

Tiens, c'est fou ! Je ne pensais pas que je grignotais autant !

Les bienfaits du pull moulant sur ma silhouette

C'est tout simple : arborez un jean boyfriend et un pull XXL, il y a de fortes chances pour que vous laissiez aller à la fois votre dos et vos abdos. Après tout, vous pouvez bien vous offrir un peu de détente, personne ne le verra.
À présent, glissez-vous dans un slim avec un petit pull moulant qui trahit toutes vos formes... et hop, vous allez aussitôt rentrer le ventre, et redresser les épaules.

jour
28

SEMAINE 4

On récapépète…

Deux solutions : soit vous vous trouvez désormais belle belle belle commeu le jour, soit vous vous détestez toujours. Cherchez parmi vos proches un regard objectif, à savoir, une copine mariée et amoureuse de son chéri, qui possède à peu près le même gabarit que vous. Posez-lui la question. Si elle opine du chef d'un air sceptique et que la balance est du même avis, posez-vous la question : avez-vous accompli vos exercices de façon aussi assidue que lorsque vous avez décidé de ne pas manquer un épisode de Charmed *? Avez-vous noté tout ce que vous avez dégusté et savouré dans votre carnet alimentaire ?*

Sous l'abribus

La balancelle

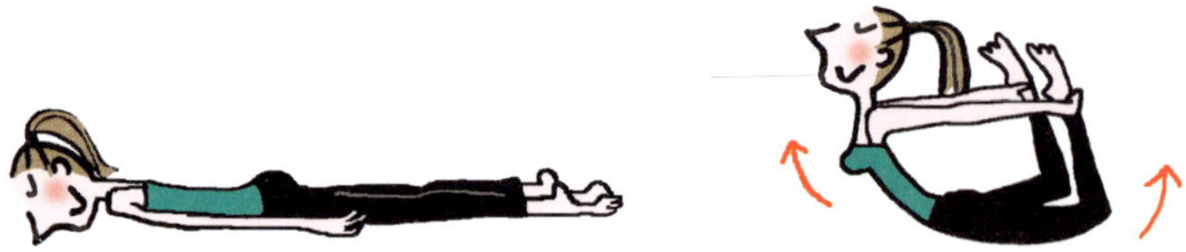

India

Pantin

Garde républicaine

Push-up

Mon bilan de la semaine

- J'ai testé tous les exercices.

Oui ☐ Non ☐

- J'ai effectué au moins une fois l'ensemble des enchaînements.

Oui ☐ Non ☐

- J'ai même fait quelques exercices en plus.

Oui ☐ Non ☐

- J'ai décidé de mettre en application au moins un des conseils diététiques.

Oui ☐ Non ☐

J'ai perdu … grammes, … cm en tour de taille et … cm en tour de cuisse par rapport à ce que j'avais noté en début de programme.

Vous avez une majorité de Oui

Bravo ! Vous avez su continuer sur votre lancée ! Si, malgré vos efforts, votre tour de taille et de cuisses n'a pas diminué comme que vous l'espériez, il se peut que votre organisme ait besoin d'une semaine supplémentaire pour réagir. Dans ce cas, reprenez le programme de la SEMAINE 1 à la suite de cette semaine.

Vous avez une majorité de Non

Vous n'en pouvez plus, vous vous êtes lassée de transpirer sur le tapis. Reprenez cette semaine en la divisant par deux : un jour sur deux, pratiquez les exercices conseillés. Ça va vous prendre 15 jours, mais il vaut mieux aller à son rythme plutôt que de laisser tomber !

N'oubliez pas de vous récompenser !

J'ai réussi à aller au bout de cette semaine, je m'offre :

…

Je me suis découragée, je m'offre pour me consoler :

…

On a échangé nos menus

Si vous avez dans votre entourage une bonne copine toute mince, proposez-lui de vous envoyer pendant une semaine ses menus, pour voir un peu comment elle se nourrit. Vous serez sans doute surprise : la plupart du temps, les filles minces mangent plutôt bien à table. En revanche, elles ne grignotent pas entre les repas.

Mon bilan du mois

À l'issue de ces 4 semaines d'exercices, je note :

Mon poids, et je le compare à mon poids de départ :

....

Mon tour de cuisse, et je le compare à mon tour de cuisse de départ :

....

Mon tour de hanche, et je le compare à mon tour de hanche de départ :

....

Mon tour de taille, et je le compare à mon tour de taille de départ :

....

Je recalcule mon IMC :

Pour le calculer, effectuez l'opération suivante : votre poids en kg (par exemple 60 kg) divisé par votre taille en mètre, au carré (par exemple 1m68 : 1,68x1,68).

Mon poids .... ÷ Ma taille au carré ....

= ....

A-t-il diminué par rapport à mon calcul de départ ? Oui ☐ Non ☐

Mon poids actuel s'est-il rapproché du poids idéal que j'avais indiqué au début du cahier ? Oui ☐ Non ☐

À l'issue de ces 4 semaines d'exercices, je décide :

- **Mes deux jours de sport de la semaine,** ce sera désormais :

- **Mon quart d'heure de sport chaque jour,** ce sera désormais :

- **Parmi les bonnes habitudes alimentaires que j'ai testées,** je vais désormais :

- **Mes exercices préférés, incontournables,** ce sont :

- **Mon exercice d'échauffement préféré :**

- **Mon enchaînement anti-bidou :**

- **Mon exercice spécial fesses :**

- **Et pour des cuisses et des bras de rêve,** ce sera :

J'ai 10 minutes devant moi, je fais quoi ?

Enchaînez rapidement tous les exercices de la semaine 2, en les pratiquant 10 fois chacun.

L'amour, mais pas les poignées

Danse du ventre sur ma descente de lit

Abdos french cancan

Les pompes de filles

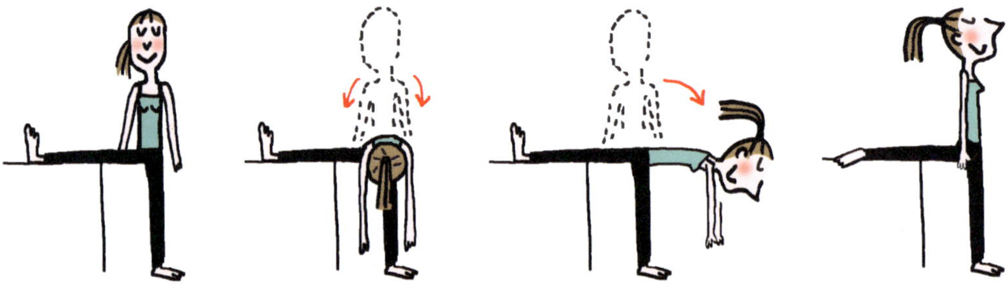

Jambe sur la table

Grands battements

Poursuivez avec vos 4 exercices préférés (10 fois chacun) : un pour le ventre, un pour les fesses, un pour les cuisses et un pour les bras.

Je n'ai pas le temps du tout, je fais quoi ?

➔ Sous l'abribus, restez tonique.
Laissez aller l'ensemble de votre corps, puis redressez-vous en enroulant les épaules et en basculant le bassin vers l'avant.
Dans la file d'attente au supermarché ou au cinéma, il est possible de faire du sport !

➔ Prenez les escaliers, et escaladez chaque marche sur la pointe des pieds.

➔ En voiture, serrez et desserrez les cuisses jointes pour faire travailler les muscles intérieurs.

➔ Dans l'autobus, serrez et déserrez le ventre, comme si on vous demandait d'ouvrir un pot de confiture.

➔ Dans la rue, pratiquez la marche rapide

➔ Chez vous, pratiquez le ménage rapide : passez l'aspirateur rapidement, faites la vaisselle rapidement, rangez rapidement.

Je note ici ce que je mange

Pour éviter les grignotages, j'indique ici le contenu de mes repas et encas, jour après jour.

Semaine 1

	Matin	Midi	Soir
Lundi			
Mardi			
Mercredi			
Jeudi			
Vendredi			
Samedi			
Dimanche			

SEMAINE 2

	Matin	Midi	Soir
Lundi			
Mardi			
Mercredi			
Jeudi			
Vendredi			
Samedi			
Dimanche			

Je note ici ce que je mange

Pour éviter les grignotages, j'indique ici le contenu de mes repas et encas, jour après jour.

SEMAINE 3

	Matin	Midi	Soir
Lundi			
Mardi			
Mercredi			
Jeudi			
Vendredi			
Samedi			
Dimanche			

SEMAINE 4

	Matin	Midi	Soir
Lundi			
Mardi			
Mercredi			
Jeudi			
Vendredi			
Samedi			
Dimanche			

Encore plus paresseuse

Des astuces,
des infos, des conseils.

Je fais le bilan dans mon carnet alimentaire

Avant de vous lancer dans une quelconque perte de poids, il est absolument indispensable que vous teniez un carnet alimentaire pendant au moins 3 semaines. Ne changez rien à vos habitudes, simplement notez tout ce que vous mangez. Attention ! On a bien dit « tout », alors n'oubliez rien !

Trois règles d'or

1. Je note tout ce que je mange, même une bouchée « juste pour goûter », même un chewing-gum.

2. Je tiens mon carnet au moins 3 semaines pour avoir une vision objective de ma façon de m'alimenter.

3. J'emporte mon carnet partout avec moi et je note en live ce que je consomme. Sinon, je risque les oublis.

Quel est l'objectif de ce carnet ?

Vous êtes sans doute impatiente de commencer à perdre du poids, mais si vous n'observez pas vos habitudes alimentaires au préalable, si vous n'avez aucune idée des quantités que vous ingurgitez ou du type d'aliments que vous consommez au quotidien, votre régime sera voué à l'échec : vous essaierez de suivre des conseils qui ne vous conviennent pas. Il est donc important de tenir ce carnet avec application. Les résultats n'en seront que meilleurs et plus durables !

Au cours de la première semaine de prise de notes, vous vous sentirez « observée » par vous-même : vous ferez sans doute plus attention à ce que vous mangez, vous hésiterez peut-être à choisir la mousse au chocolat en dessert. Bref, vous serez « sage », pas très naturelle, finalement : c'est pour ça qu'il faut poursuivre l'exercice au-delà d'une semaine...

La deuxième semaine, vous vous détendrez. Vous indiquerez avec moins de complexes le menu « tout chocolat » de la veille au soir.

Au cours de la troisième semaine, votre vigilance va carrément baisser... votre objectivité aussi ! Vous aurez tendance à faire l'impasse sur deux ou trois petits grignotages au cours de la journée, c'est-à-dire que vous consommerez quelques barres chocolatées, mais vous oublierez de les noter.

Comment tenir le carnet ?

C'est tout simple : vous prenez trois crayons de couleur : rose pour la saveur sucrée ; bleu pour la saveur salée ; vert pour les fruits et légumes, et vous surlignez votre prise de notes.
Au bout de trois semaines, une couleur dominante devrait apparaître.

Voici un exemple de journée

Petit déjeuner
- Tartines beurre-confiture

Collation
- 3 cafés sucrés

Déjeuner
- Steak haché-frites
- Île flottante

Collation
- 1 barre chocolatée
- 3 cafés sucrés
- 1 carré de chocolat
- 1 cuillerée à café de Nutella®
- 1 chewing-gum

Dîner
- Pâtes au gruyère
- Soupe de légumes verts
- 1 yaourt à la fraise
- 1 tisane au miel

Dans cet exemple, une dominante « sucre » apparaît clairement, tandis que les fruits et légumes occupent une place peu importante.

Deux questions à se poser

Grâce aux couleurs indiquées dans les menus, vous prendrez rapidement conscience des quantités de fruits et légumes et plats salés et sucrés que vous consommez. Avant de commencer votre régime, il est important de se poser les questions suivantes :

Les quantités d'aliments que je consomme sont-elles importantes ?

Pour chaque repas, notez si vous vous êtes resservie ou pas. Placez une croix en fonction du nombre de fois où vous vous êtes resservie deux fois, etc. Cet exercice est assez facile à réaliser lorsqu'il s'agit d'un plat que l'on sert dans une assiette. Mais pour un paquet de gâteaux, voici la règle à appliquer : si vous avez mangé deux biscuits, comptez une portion. Ajoutez une croix tous les deux biscuits. Pour le fromage, visualisez la portion en triangle d'une Vache qui rit[R] et appliquez le même raisonnement que pour les biscuits.

Suis-je une grignoteuse ?

La réponse n'est pas évidente, mais si vous goûtez à 15 heures, puis, prenez une petite collation à 17 heures, il ne s'agit plus d'un goûter... et vous êtes bien une grignoteuse.

Vous êtes aussi une grignoteuse si vous avez tendance à mâcher du chewing-gum ou à sucer des bonbons *light* et si vous adorez goûter les plats que vous préparez.

Je traque les sucres inutiles

Les sucres rapides ne sont absolument pas utiles au bon fonctionnement de notre organisme. Ils peuvent même être une source de fatigue, car lorsque l'on consomme un aliment sucré, notre énergie augmente brusquement, mais pour un temps très court, laissant place à l'épuisement, sauf si… nous consommons de nouveau un aliment sucré… On entre alors dans un cercle infernal : toujours plus de sucre, et toujours plus de fatigue.

LISEZ LES ÉTIQUETTES !

Le sucre se cache sous plusieurs noms :

- sirop de glucose ;
- sirop de maïs ;
- sucre inverti ;
- mélasse ;
- lactose.

J'élimine d'abord les sucres cachés

Si vous êtes un bec sucré, ça ne va pas être facile d'éliminer ce qui vous fait tant plaisir. Pourtant, si vous voulez mincir, il va falloir alléger vos portions. Avant de remplacer l'île flottante par du radis noir, commencez par éradiquer les sucres cachés de votre alimentation. Ceux-ci ne vous apportent pas un grand plaisir, en revanche, ils sont une source importante de calories inutiles. Pour cela, lisez attentivement les étiquettes des aliments que vous consommez.

Voici quelques exemples d'aliments qui contiennent du sucre alors qu'ils n'ont pas une saveur sucrée :

- **Le vinaigre balsamique** : s'il n'est pas bio, il est en très grande partie composé de… caramel.
- **Les cubes culinaires** : bouillons de poule et de légumes contiennent une dose importante de sucre. Remplacez-les simplement par des épices et des herbes pour parfumer vos plats.
- **Les biscuits apéritifs** : ils sont salés et gras, mais ils sont aussi bourrés de sucres ! Remplacez-les par des légumes à la croque ou des fruits secs (non torréfiés, non salés).

- **Le saucisson et les charcuteries industrielles** : afin de donner du goût à des aliments de basse qualité, l'agroalimentaire n'hésite pas à ajouter une bonne quantité de sucre.
- **Les plats tout prêts** : ils sont pratiques, mais il faut lire les étiquettes. Certains sont extrêmement sucrés. À vérifier avant d'acheter.
- **Les produits laitiers** : pour nourrir son petit, la vache produit un sucre qui peut se révéler assez difficile à digérer lorsque l'on est adulte : le lactose. Si vous consommez d'importantes quantités de produits laitiers tous les jours, eh bien vous absorbez de grandes quantités de lactose, donc de sucre. Réduisez les quantités. Un yaourt nature au quotidien suffit amplement. la matinée.

Je procède par étapes

Si vous êtes accro à la saveur sucrée, inutile de vous en priver totalement et brusquement, vous tiendrez le coup pendant trois jours, puis vous craquerez, pour une raison toute simple : le sucre appelle le sucre ! Plus vous en consommez, plus vous en avez envie. Il est donc important d'effectuer un sevrage en douceur et d'opter pour une bonne vitesse de croisière. Si vous parvenez à diminuer significativement vos quantités de sucre, vous mincirez sur le long terme, de façon durable.

Par ailleurs, évitez le *light* : il ne s'agit pas moins d'une saveur sucrée, et votre cerveau ne fait pas la différence. Si vous souhaitez vous déshabituer, vous devez traiter toutes les saveurs sucrées sur le même plan.

Enfin, allez-y par étapes, en supprimant un tiers de produits sucrés par semaine, sur trois semaines. Par exemple, si vous consommez des produits sucrés aux trois repas de la journée, éliminez un produit la première semaine, la deuxième semaine, éliminez-en deux, et la troisième, éliminez-les tous. Après ces trois semaines, essayez de tenir au moins une semaine sans aucun produit sucré. Vous en réintégrerez ensuite un seul par jour.

Attention ! Ne vous dites pas : « Après mon régime, je recommencerai à consommer du sucre comme avant. » Si vous reprenez vos anciennes habitudes, vous grossirez de nouveau, c'est mathématique ! En revanche, si vous divisez votre consommation de sucre par trois, vous continuerez à mincir au-delà de vos espérances.

MOTIVÉE !

Moins vous consommez d'aliments sucrés, moins vous en aurez envie. Et certains desserts très sucrés que vous consommiez avant vous paraîtront peu à peu tout à fait écœurants.

À titre de comparaison :

- **1 verre de soda = 6 morceaux de sucre ;**
- **5 verres de soda = 1 pizza consommée en plus des repas habituels.**

MOTIVÉE !

Un adulte consomme en moyenne 2 000 calories par jour.

Si vous supprimez définitivement un verre de soda par jour, au bout de 30 jours, vous aurez économisé l'équivalent d'une journée de calories, un peu comme si vous jeûniez un jour par mois !

Je me méfie des bouchées sucrées

Au cours de vos trois semaines de « sevrage », méfiez-vous des bonbons, chewing-gums ou carrés de chocolat pris entre les repas. Leur saveur sucrée rappelle à votre organisme ses anciennes habitudes et ces bouchées attiseront au contraire votre envie de sucré. En revanche, un dessert pris en fin de repas aiguisera beaucoup moins votre appétit, car le sucre sera assimilé en même temps que le reste du repas. Votre glycémie n'étant pas brutalement modifiée, votre envie de sucre sera moins forte.

Par quoi remplacer les desserts ?

Bien qu'il existe quelques astuces, plus on cherche à leurrer son organisme (en remplaçant par exemple le vrai sucre par du faux) et moins on atteindra le but recherché. Il est donc plus astucieux de rééduquer ses papilles et de se concentrer sur d'autres saveurs :

- si vous avez l'habitude de sucrer votre café, diminuez progressivement la dose et offrez-vous un café de qualité. Au bout de trois semaines, le café sucré devrait vous paraître totalement imbuvable ;
- si vous aimez le chocolat chaud, achetez du cacao pur et mélangez-le avec de la chicorée pour une boisson onctueuse et savoureuse ;
- si vous aimez le chocolat en tablette, éduquez votre palais et augmentez progressivement la dose de cacao en dégustant des chocolats de qualité. Augmentez jusqu'à 100 % de cacao (ça existe !) : vous verrez qu'un chocolat à 0 % vous semblera ultra-sucré !
- fuyez les céréales de petit déjeuner déjà sucrées et optez pour un müesli nature que vous assaisonnerez vous-même ;
- procédez de même pour les yaourts : oubliez les yaourts aux fruits ou aux arômes et préférez la confiture et le miel, puis diminuez progressivement les quantités.

N'oubliez pas que vous avez le droit de consommer des fruits : ce sont les sucres ajoutés que nous traquons ! Alors misez sur les salades de fruits maison, et faites la part belle aux épices : cannelle, vanille, etc., vous composerez ainsi de délicieux desserts.

J'allège mes repas en graisses

Les sucres et les graisses font grossir, on le sait. Mais, si les « sucreries » sont assez faciles à repérer, les graisses se font parfois plus discrètes et on a du mal à évaluer leurs quantités dans certains produits. Pour mincir efficacement, il va falloir jeter un œil sur les étiquettes !

Je me méfie des graisses cachées

Elles se logent partout, notamment dans les plats industriels. Leurs appellations sont diverses : « huile de palme ou de tournesol », « graisses végétales ou animales », « graisses hydrogénées ». En revanche, les quantités de lipides sont souvent assez difficiles à déchiffrer sur les étiquettes. En effet, on se doute bien qu'une préparation à base de tartiflette sera grasse, mais quelle est la dose à ne pas dépasser ? Pour le savoir, ce n'est pas le taux de ces fameux lipides qu'il faut repérer, mais la dose de sel, car pour masquer le goût de « gras » de produits de mauvaise qualité, les industriels n'hésitent pas à ajouter des doses de sel colossales : une viande hachée bas de gamme sera insipide, mais si on y ajoute du gras et du sel, celle-ci paraîtra savoureuse. En bref, cherchez le sel et vous trouverez le trop-plein de graisses.

Voici quelques exemples. Lorsque vous consommez une portion de pizza à emporter, vous absorbez 2 grammes de sel et 20 grammes de lipides. Par conséquent, si vous vous resservez, vous avez déjà presque atteint le plafond des 5 grammes de sel à ne pas dépasser ; une portion de lasagnes à la bolognaise industrielle contient en moyenne 2 grammes de sel et 13 grammes de lipides.

Recommandations

L'OMS recommande de ne pas dépasser une consommation de 5 grammes par jour de sel. Quant aux graisses, la consommation recommandée est de 20 à 27 grammes par jour, selon votre corpulence.

Je suis motivée et je dégonfle !

L'eau de mer contient 9 g de sel/litre.

Si je reprends trois fois de la pizza, c'est comme si j'avais bu un litre d'eau de mer... Pas étonnant que la prise de poids liée à une surconsommation de graisses s'accompagne souvent de rétention d'eau !

Je privilégie le « bon gras »

Nous l'avons vu dans les pages de ce cahier, le « bon gras » est celui qui n'est pas cuit et qui est issu des végétaux. Les huiles de première pression à froid sont donc à privilégier.

Pour conserver tous leurs bienfaits, il est recommandé de les ajouter en fin de cuisson : un filet d'huile d'olive ou de noisette sur le poisson ou les pommes de terre vapeur, etc.

D'autre part, si vous cuisinez et que vous ajoutez vous-même vos lipides, vous éviterez aussi de trop saler, car vous ne chercherez pas à masquer la saveur écœurante d'un plat trop gras. En choisissant vous-même vos ingrédients, vous utiliserez donc forcément moins de matières grasses pour rehausser le goût.

Je réduis les quantités

Apportez la juste quantité de matières grasses en fin de cuisson – n'hésitez pas à utiliser un petit vaporisateur de table pour bien répartir vos huiles de première pression à froid (huiles vierges).

Dans les vinaigrettes, inversez les doses, ça relèvera le goût : deux doses de moutarde et de vinaigre, pour une dose d'huile.

Et si vous adorez le fromage, ne cherchez pas à consommer du fromage « allégé » ou « moins gras » : le fromage, c'est gras, un point c'est tout... Alors, faites-vous plaisir en consommant des fromages AOC, mais levez le pied sur les portions. Une portion raisonnable, c'est la taille d'une portion de Vache qui rit®... Si vous consommez du fromage tous les jours, essayez de ne pas dépasser cette quantité. Enfin, si vous adorez les grands plateaux de fromages, offrez-vous une fois par semaine un repas soupe-fromage, mais dans ce cas, évitez les plats et les repas gras au cours de cette même journée.

J'adopte la « 4 heures attitude »

On a bien dit « 4 heures », on ne parle pas de grignotage ! D'ailleurs, celles qui grignotent ont tendance à sauter le goûter, voire le repas, ou à chipoter dans leur assiette. Mais entre les repas, elles auront consommé bien plus de calories à force de petites bouchées. Mieux vaut donc prévoir quatre vrais repas par jour. Eh oui, le goûter en est un, toutes les minces vous le diront !

Trois bonnes raisons de goûter

C'est mathématique, toutes les 3 ou 4 heures, nous avons faim. Or, le matin, si nous avons pris un petit déjeuner vers 8 heures, nous commencerons à ressentir des gargouillis vers midi... Nous déjeunons entre midi et 13 heures, puis nous attendons l'heure du repas... vers 20 heures ? C'est en réalité impossible ! Faites le compte ! On ne peut pas tenir aussi longtemps avec le ventre vide !

- Le goûter permet d'éviter de grignoter : il est plus facile de résister aux tentations jusqu'à 16 heures que jusqu'à... 20 heures !
- Le goûter aide à gérer les fringales de 18-19 heures (l'heure fatidique et fatigante, lorsque vous rentrez chez vous et que vous avez besoin de réconfort avant le repas...).
- Le goûter est un véritable moment de convivialité : avec les enfants ou avec ses collègues, une petite pause ne nuira pas à votre travail, bien au contraire, vous serez plus concentrée ensuite. Et si votre N+1 vous fait une remarque, répondez-lui que les pauses clopes, c'est bien plus chronophage qu'un p'tit goûter.

Idées de goûters légers au bureau

Goûter au bureau, c'est plus délicat, mais on peut quand même trouver des solutions.

- Apportez ou préparez sur place une boisson chaude et non sucrée pour vous réconforter.
- Misez sur la banane, un fruit qui cale bien.

Le goûter, ce n'est pas forcément sucré

Le goûter est totalement bénéfique à une alimentation équilibrée, cependant, on ne va pas se mettre à cuisiner au milieu de l'après-midi, et on se voit mal réchauffer un bol de soupe aux poireaux à l'heure du thé. On a donc tendance à se rabattre sur des aliments sucrés, vite consommés, vite absorbés : ceux-ci aiguiseront notre appétit et nous feront... grossir... Donc, les barres chocolatées, on évite, et les petits gâteaux, on oublie. Alors on mange quoi ? On mise sur les fruits et les sucres lents : voici quelques astuces.

- Stockez des tranches de pain complet.
- Stockez du lait écrémé en poudre et des céréales non sucrées destinées aux tout-petits... Mélangez discrètement les deux poudres dans une tasse versez un peu d'eau chaude.
- Prenez des flocons d'avoine, et mélangerez-les à quelques morceaux de fruits. Un peu de lait en poudre, et le tour est joué !
- Si vous n'avez vraiment rien à vous mettre sous la dent, foncez à l'épicerie du coin pour acheter des pommes et des pains au lait. Ils sont beaucoup moins caloriques qu'un pain au chocolat et vous caleront plus longtemps qu'une barre chocolatée.

Idées de goûters légers à la maison

Les jours où on est à la maison, on peut cuisiner un peu et préparer des portions de goûter à l'avance, de façon à ne pas se retrouver systématiquement face à la pomme cale-tout.

- Avec des morceaux de pain complet arrosés de lait écrémé, vous pouvez préparer un pain perdu hyper-léger. Incorporez quelques morceaux de pomme, un peu de cannelle, et passez le tout au four. Surtout, n'ajoutez pas de sucre.
- Avec du riz rond, vous pouvez préparer des sushis de fruits : agglutinez le riz en petits tas dans un plat (comme pour les sushis de poisson) et déposez sur le dessus un petit morceau de fraise ou de poire pour le fondant.
- Certains laits végétaux (noisette, amande) ne contiennent pas de sucres ajoutés, mais leur saveur offre une sensation douce et réconfortante. Vous pouvez mélanger un peu de lait végétal avec des céréales infantiles (cacao, vanille, sans sucres ajoutés) : vous retombez en enfance, et une petite tasse suffit à bien caler.
- Si vous êtes plutôt bec salé, vous pouvez râper un peu de cantal ou de fromage à pâte dure sur une tranche de pain. Vous évitez ainsi d'en consommer une trop grande quantité.
- La pâte à crêpe n'est pas très calorique : c'est ce que l'on y incorpore qui fait la différence. Alors pourquoi ne pas vous offrir un goûter maison à base de crêpe fourrée à la compote et assaisonnée de cannelle ?

Je réduis les portions

« On est foutus, on mange trop... », disait la chanson, qui ne croyait pas si bien dire. En effet, nous ne nous rendons plus compte à quel point nous mangeons et consommons plus que nos ancêtres. Ce n'est plus la peine de se demander pourquoi notre arrière-grand-mère était si mince alors qu'elle dégustait chaque dimanche une belle part de tarte... Le secret dans la qualité mais aussi dans la quantité.

Je prends conscience des quantités que j'absorbe

En matière de quantités, l'industrie agroalimentaire fait tout pour brouiller les pistes. Voici un exemple : sur une compote à boire, il est indiqué que celle-ci est l'équivalent d'un fruit. Vous suçotez votre compote au goûter et, rapidement, vous en prenez une autre. Vous avez donc consommé l'équivalent de deux pommes. Si vous vous servez deux grands verres de jus d'orange pour compléter votre collation, vous aurez également consommé l'équivalent de trois oranges.

La question est toute simple : auriez-vous réussi à manger en moins de 15 minutes deux pommes et trois oranges ? Il est évident que vous auriez calé avant. En effet, votre organisme, qui est capable de reconnaître la juste quantité sur un aliment non transformé, est aussi capable de dire « stop »... au bout d'une pomme seulement. En revanche, lorsqu'il s'agit d'aliments transformés, votre estomac ne sait pas décoder les quantités. Vite avalés, à peine mâchés, ils nous poussent à ingurgiter des quantités qui dépassent largement nos besoins.

MOTIVÉE !

Je peux photographier le contenu de mon assiette et l'ajouter à mon carnet alimentaire (ou l'envoyer à une copine qui vérifiera que je n'ai pas transformé mon assiette en pyramide d'Égypte...).

Quelques chiffres

• Dans les années 1960, la consommation de desserts et de glaces en France était de 1 kg par an et par personne. Elle a aujourd'hui dépassé les 14 kg !

• Notre consommation de viande a également triplé par rapport aux siècles passés.

• Aujourd'hui, en France, l'obésité touche 1 homme sur 2 et 30 % des femmes. Et les cas de cancers liés à l'obésité se multiplient...

J'adopte de nouvelles habitudes alimentaires

- Préférez les aliments non transformés : entre la compote et le fruit, optez pour le fruit ; entre l'orange entière et le jus, choisissez l'orange entière. Évitez aussi les préparations à base de viande hachée, car vous ne savez pas réellement quelle quantité vous consommez.
- Évitez les pains de mie, brioches, pains de hamburger : ces pains industriels sont mous, vite avalés. Optez systématiquement pour les aliments qui demandent à être mâchés.
- Réduisez la taille de votre assiette – changez de vaisselle si vos assiettes ressemblent un peu trop à de grands plats – et ne vous resservez jamais.
- Ne « trichez » pas : non seulement ne vous resservez pas, mais évitez aussi d'empiler les aliments dans votre assiette (pour tenter de gagner en hauteur ce que vous avez perdu en largeur !).

Je mets mon régime en place

C'est bien gentil, tout ça, mais... j'ai faim ! Et vous n'êtes pas la seule... En effet, lorsque l'on tente d'alléger son alimentation pour mincir, c'est le premier cri de détresse que l'on pousse : le gargouillis est là, qui nous tenaille... Voici quelques astuces pour vous aider à réussir votre régime.

Passer le cap

Ne démarrez pas votre régime en pleine période de stress au travail, pendant les fêtes de Noël ou le rush de la rentrée scolaire... Préférez une période plutôt calme, une semaine de vacances en plein air, par exemple, car les premiers jours sont les plus difficiles : votre estomac est habitué à certaines quantités (vous allez les réduire), vos papilles réclament des saveurs sucrées (vous allez les supprimer dans un premier temps). Rappelez-vous, la quantité appelle la quantité : plus vous mangez et plus vous avez faim ; le sucre appelle le sucre : plus vous en mangez et plus vous en voulez. Après avoir consacré trois semaines entières à votre programme alimentaire, donnez-vous une semaine pour mettre en place votre régime. Et mettez-vous dans la tête que cette semaine sera difficile.

Se raisonner

Si vous avez pris conscience que vous mangez de grandes quantités ou que vous absorbez une quantité de sucres et graisses très importantes entre les repas, allez-y par paliers. En choisissant de passer d'un coup du hamburger-frites aux haricots verts-cabillaud, vous êtes sûre de rater votre régime. Vous tiendrez une semaine en ayant envie de gifler tout le monde, puis vous craquerez et reprendrez vos anciennes habitudes. Mieux vaut donc enlever progressivement certains aliments de votre alimentation. Par exemple, si vous avez l'habitude de grignoter

SOYEZ RÉALISTE !

Si vous supprimez certains aliments pendant votre régime, puis consommez de nouveau lorsque vous avez atteint le poids idéal, c'est mathématique, vous regrossirez. Essayez de programmer les aliments que vous souhaitez réintégrer, une ou deux fois par semaine, et notez-les dans votre carnet. Faire un régime, c'est modifier en profondeur sa façon de manger pour obtenir une perte de poids durable.

deux barres céréalières dans la matinée, puis deux autres dans l'après-midi, commencez par remplacer les deux de l'après-midi par une collation équilibrée, laissez à votre organisme le temps de s'habituer, puis modifiez votre rituel de la matinée par la suite. La mise en place du régime sera un peu plus longue, mais votre perte de poids sera beaucoup plus durable.

Dégainer les aliments « stop faim »

Si vous avez faim, surtout ne vous ruez pas sur le sucré ! Le sucre est vraiment un faux ami. Vous ne serez pas calée et vous aurez de nouveau envie de manger une heure après.

Misez plutôt sur :

- les protéines : ne faites pas l'impasse sur la viande, le poisson, les laitages, s'ils sont allégés en graisses ;
- les céréales complètes non sucrées : elles sont longues à mâcher, longues à digérer ;
- les fruits entiers : ils sont également longs à mâcher, et plus longs à digérer qu'un jus de fruit ;
- les soupes de légumes : elles sont légères, mais leur volume cale bien et permet de poursuivre votre repas avec des quantités moindres.

Si la faim vous tenaille de façon réellement insupportable, vous pouvez aussi préparer des boissons chaudes en y mêlant un peu d'agar-agar : cette algue naturelle présente l'avantage de gonfler au contact de l'eau. Elle est très douce pour l'intestin et permet d'apaiser les grandes et petites faims.son à base de crêpe fourrée à la compote et assaisonnée de cannelle ?

Une journée notée dans un carnet alimentaire

- **Matin :** pas de petit déjeuner (pas le temps).
- **Dans le bus** : un pain au chocolat.
- **10 heures** : deux cafés sucrés.
- **11 heures** : une barre chocolatée.
- **Midi,** cantine du bureau : j'essaie de moins manger car je culpabilise après la barre chocolatée...
  – Haricots verts, escalope de dinde.
  – Yaourt nature.
  – deux cafés sucrés.
- **16 heures** : rien (pas le temps).
- **18 heures** : un Kinder® Bueno au distributeur.
- **19 heures** : je prépare le repas... deux grosses portions de gruyère et deux tranches de saucisson.
- **Repas** : j'essaie de moins manger car je culpabilise... encore...
  – Un bol de soupe.
  – Un yaourt nature.
- **21 heures** : j'ai faim !
  – Un yaourt avec une cuillerée à soupe de chocolat en poudre et du sucre.
  – Une part de brioche avec de la confiture.

Mon constat : plus je culpabilise et plus je bouffe... Faudrait peut-être que je mange plus aux repas et que je stabilise les collations.

Mon objectif sur les deux premières semaines : stabiliser les collations du matin.

Modification des habitudes en vue d'une perte de poids

- **Matin** : toujours pas le temps...
  J'ai préparé la veille du müesli nature avec du lait dans un Tupperwear®, je l'emporte avec moi au bureau.
- **9 h 30** : je dégaine mon müesli. Mes collègues sont un peu étonnés, mais c'est moelleux et super-bon.
  Je prends aussi un café sucré (je compte enlever le sucre la semaine prochaine, j'y vais mollo !).
- **12 h 30 : cantine.**
  – Je commence par une entrée de crudités (carottes râpées).
  – Je continue avec mon fameux plat haricots verts-escalope de dinde, mais je demande au serveur d'ajouter aussi un peu de riz.
  – J'achève mon repas par un yaourt sucré.
  – En contrepartie du sucre dans le yaourt, je tente le café sans sucre (pas facile).
- **16 heures :** je n'ai pas trop faim, mais je m'impose une pause : un thé avec une barre chocolatée (je sais, c'est pas bien, mais tout enlever d'un coup, c'est trop dur).
- **19 heures** : j'ai faim et le repas n'est pas prêt. Je prends un seul morceau de fromage, mais je le mange avec une tranche de pain complet.
- **Dîner** : j'ai moins faim que les autres soirs.
  – Un bol de soupe avec une tranche de jambon.
  – Un yaourt.
  – Une pomme.
- **21 heures** : pas de fringale, je l'ai devancée avec le jambon et la pomme !

Mon constat : finalement, ce n'est pas si dur. J'ai moins l'impression de subir fringales sur fringales.

Dans la même collection

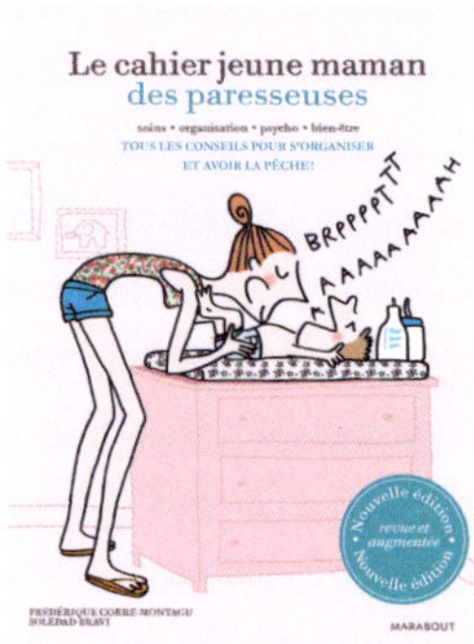

Création graphique :
Noémie Levain et Olivier Lauga

Imprimé en Espagne par Macrolibros pour le compte des éditions Hachette Livre (Marabout)
58, rue Jean Bleuzen – 92178 Vanves Cedex
Dépôt légal : avril 2016
ISBN : 978-2-501-07359-2
4069753